今を生きる 高齢者のための法律相談

特定非営利活動法人　遺言・相続・財産管理支援センター【編】

発行　民事法研究会

はしがき

　日本社会は超高齢化が進み、お年寄りの人口比率がどんどん高まっていますが、それに対応する社会システムは十分整備されていません。

　その一つがお年寄りの皆さんが苦労して築き上げてきた財産を守り、次の世代へうまいこと引き継いでいくシステムです。最近は、特に認知症のお年寄りを狙った悪質な業者や身近な者による深刻な被害が大きな問題になっていますし、相続をめぐる親族間の争いもなかなか深刻なものがあります。

　このような状況下でお年寄りの財産を守り、そしてその財産をめぐって相続人間で争いが生じないようにして、次世代に引き継ぐことを支援するため、幅広い法的知識と高い倫理性を有する専門家を育成し、それら専門家とお年寄りを橋渡しすることを目指して、弁護士・税理士・司法書士・社会福祉士などを中心に営利を目的としない当「遺言・相続・財産管理支援センター」NPO法人が設立されました。

　今般、当法人は、その事業の一環として本書を出版することになりましたが、上述しましたようにお年寄りの財産を守り、その財産をスムーズに次世代に引き継ぐために、今を生きている皆様がそのことについてどのように考え、どのような準備をしておいたらよいかという観点で本書をつくっています。本書はできるだけ、読みやすいものにするということで、必ずしも、系統的・網羅的・統一的な内容とはなっていません。問題の一端を提示したという箇所もありますが、とりあえず気軽に読んでいただき、いっしょに考えていきたいというのが発刊の主旨であります。

　2013年6月

　　　特定非営利活動法人　遺言・相続・財産管理支援センター

　　　　　　　　　　　　　　　理事長　若　林　正　伸

今を生きる高齢者のための法律相談

目　次

第1章　日常生活での困りごと

1　住まい・住居 …………………………………………………10

Q1　高齢者の住まいの選び方………………………………………10
　〔図1〕　終の棲家の選び方①………………………………………13
　〔図2〕　終の棲家の選び方②──介護が必要な方………………14
Q2　有料老人ホームの概要と注意点………………………………15
　〔図3〕　高齢者の住まい──主要施設の施設数の年次比較……16
Q3　高齢者住まい法とは……………………………………………18
Q4　住まいについての相談窓口は…………………………………20

2　介　　護 ……………………………………………………22

Q5　介護についての相談窓口は……………………………………22
　〈表1〉　主な高齢者福祉サービス…………………………………24
Q6　介護保険で介護を受けるには…………………………………25
　〔図4〕　介護保険で介護サービスを受けるまでの手順…………26
Q7　遠距離介護はどうすればいい…………………………………27
　〔コラム〕　ケアマネジャーとは……………………………………28

3　年金・生活保護 ……………………………………………29

Q8　定年後の生活プラン……………………………………………29
Q9　生活保護…………………………………………………………32
Q10　信託の活用………………………………………………………34

4　消費者被害 ……………………………………………37

Q11　高齢者の消費者被害の特徴と対策………………………37
〈表2〉　契約当事者が70歳以上の相談の件数 ……………38
〈表3〉　販売方法・手口別件数（2011年度・当事者70歳以上の相談）…38
Q12　クーリング・オフ制度とは……………………………41
Q13　消費者被害にあったときの相談機関…………………43

5　高齢者虐待 ……………………………………………45

Q14　高齢者虐待を見つけたら………………………………45
〈表4〉　虐待の種類 …………………………………………46
Q15　施設における高齢者虐待を防止するために気を付けて
　　　おくこと……………………………………………………48

6　生命保険 ………………………………………………51

Q16　公的介護保険と保険会社の介護保険…………………51
Q17　医療保険の選択…………………………………………52
〔図5〕　主な死因別死亡数の割合（平成23年）………………53
Q18　死亡保険金と相続税……………………………………54
〔コラム〕　現金・預貯金を保険資産に変えておくメリット……………55

第2章　財産の管理が難しいと感じたら

1　財産管理の方法 ………………………………………58

Q19　財産管理の方法……………………………………………58

〈表5〉 本人の判断能力の程度と財産管理の方法 ……59

2　判断力がある方のための制度 ……61

Q20　日常生活自立支援事業…… 61
〈表6〉 日常生活自立支援事業の内容 …… 61
Q21　財産管理契約…… 63
〈表7〉 財産管理として委任する事項 …… 64
Q22　任意後見制度…… 65
〈表8〉 任意後見契約の類型 …… 67
Q23　任意後見制度と財産管理契約 …… 68
Q24　任意後見契約の変更 …… 70
Q25　任意後見契約から成年後見制度への切替え …… 72
Q26　死後の事務の委任 …… 74
Q27　任意後見契約と遺言 …… 76
Q28　財産管理・任意後見の報酬 …… 78
Q29　財産管理契約・任意後見契約の終了 …… 80

3　成年後見制度 …… 83

Q30　成年後見制度 …… 83
Q31　成年後見・保佐・補助の違い …… 85
〈表9〉 重要な財産行為（民法13条1項） …… 86
〈表10〉 成年後見・保佐・補助の概要 …… 87
Q32　成年後見・保佐・補助開始審判の申立て …… 89
Q33　成年後見人等の選任・報酬 …… 91
Q34　後見・保佐・補助開始審判の申立書類 …… 93
〈表11〉 申立書といっしょに提出する資料 …… 94
Q35　成年後見制度のメリット・デメリット …… 95

〈表12〉 成年後見人・保佐人・補助人の事務 …………………96
Q36　成年後見人・保佐人・補助人に対する監督…………………97

第3章　相続のことが心配になったら

1　相　続 ……………………………………………………100

Q37　相続の仕組み ……………………………………………100
〔コラム〕　争続の実態 ………………………………………101
Q38　誰が相続人になるのですか ……………………………102
〔図6〕　相続人の順位 ………………………………………103
〈表13〉　法定相続分・遺留分一覧 …………………………105
〔図7〕　相続分の例（質問の場合） …………………………106
Q39　亡き息子に代わり孫が相続できますか ………………107
〔コラム〕　いとこは相続人にならない ……………………108
Q40　財産よりも借金が多い場合はどうすればよいですか ……109
Q41　連帯保証人であることも相続されるのですか ………111
〔コラム〕　相続放棄をあきらめないで ……………………112
Q42　暴力を振るうような相続人には相続させたくない ……113
Q43　遺産分割協議とは ………………………………………115
Q44　内縁の配偶者の賃借権 …………………………………118
Q45　相続人がいない場合、相続財産はどうなるのですか ……120
Q46　お墓や仏壇等はどのように相続したらよいのですか ……122

2　相続についての税金 …………………………………124

Q47　相続税が課税されるのはどのような場合ですか ……124

Q48 相続税は誰がいつ納付するのですか ……………………… 125
Q49 不動産投資は相続税対策になりますか ……………………… 126
Q50 生前贈与をして相続税額を減らしておきたい ……………… 127

3 相続についての登記手続 ……………………………………… 128

Q51 不動産を相続した場合、相続の登記もしなければならないのですか ……………………………………………………… 128

第4章 遺言を残すには

1 遺言【基礎編】 ………………………………………………… 132

Q52 どのようなときに遺言書を書くべきですか ………………… 132
Q53 遺言書では何ができますか …………………………………… 134
Q54 遺言書の種類 …………………………………………………… 136
〈表14〉 遺言書の種類(1)──普通方式 ………………………… 137
〈表15〉 遺言書の種類(2)──特別方式 ………………………… 138
Q55 公正証書遺言のつくり方と費用 ……………………………… 139
〈表16〉 公証人の手数料 ………………………………………… 141
Q56 自筆証書遺言のつくり方 ……………………………………… 142
〔図8〕 自筆証書遺言の作成例（遺言書と封筒）……………… 144
Q57 自筆証書遺言の保管方法 ……………………………………… 146
Q58 遺言書をつくり直したい ……………………………………… 148
Q59 遺言で財産を受け取るべき人が先に亡くなったら ………… 149
【文例1】 受遺者が先に亡くなった場合への備え ……………… 150
Q60 認知症でも遺言書を作成できますか ………………………… 151

Q61	遺言執行者とは	152
Q62	財産の分け方	155
Q63	遺贈で実現できること	156
Q64	遺留分とは	158

2　遺言【応用編】 …………………………………………162

| Q65 | 認知症の妻の生活を確保したい | 162 |
| Q66 | 子に店を継がせたい | 163 |

〔コラム〕　事業承継とは …………………………………………164

| Q67 | 遺言書で指定していた財産が減少してしまったら | 165 |
| Q68 | 遺言で寄付をしたい | 166 |

【文例2】　出身大学への預金の寄付 ……………………………167
【文例3】　図書館への書籍の寄付 ………………………………167
【文例4】　一般財団法人をつくりそこへの寄付 ………………167
【文例5】　市町村への土地の寄付 ………………………………168

| Q69 | 遺言の後で、離婚や結婚をした場合の影響 | 169 |

3　遺言と登記手続 …………………………………………171

| Q70 | 不動産について遺言書を作成する際の注意点 | 171 |

〔コラム〕　死後に不動産の売却代金を遺贈する場合──いわゆる「清算型遺贈」………………………………………173

・事項索引 ……………………………………………………………174
・執筆者一覧 …………………………………………………………176

第1章

日常生活での困りごと

1　住まい・住居

Q1　高齢者の住まいの選び方

一人暮らしですが、高齢者には部屋を貸したがらないと聞きました。高齢者のための住まい選びは、どのような点に気をつければよいですか。

お答えします　高齢者の住まいの選び方ですが、今お住まいの自宅が持ち家だからといって、そのまま最後まで自宅で一生を終えられない方もいます。

自宅で最期を迎えることを望みながら、病状の悪化や家族等の介護負担が大きいために病院や施設に入られる方も少なくありません。

ただ近年、国は在宅医療を促進させる方向での診療報酬改定を行っています。老後に備えて自宅を改装し、また地域で利用できる在宅介護サービスの支援を受けながら自宅に住み続けることも可能です。

それでも、住み替えが必要になった場合は、どのような選択肢があるでしょうか。

1　現在、介護を受けていない方の場合

介護がまだ必要のない方にとっては、民間の賃貸住宅が身近な存在です。

以前は、高齢者に部屋を貸したがらない大家さんが多く、高齢者が部屋を借りるのは難しいこともありました。

そこで平成13年に制定されたのが、「高齢者の居住の安定確保に関する法律」（高齢者住まい法）です（高齢者住まい法についてはQ3

をご参照ください)。この法律は、建設費用の補助など賃貸人側に建設を促進する優遇策を設け、建設された居宅を登録し、高齢者向けの賃貸住宅の供給を促進しようというものです。

　ただ、賃貸住宅で高齢者が安心して住み続けるためには、建物の整備だけでなく、介護など生活支援も不可欠です。

　平成23年の改正で、高齢者向け賃貸住宅は、一律「サービス付き高齢者向け住宅」と呼ばれるようになりましたが、登録するためには、バリアフリーなどの要件のほか、安否確認サービスや生活相談サービスの提供が求められています。介護福祉士、ケアマネジャーなどが常駐してサービスを提供することが予定されているので、一安心です。

　しかし、法律の目的どおり運用されるかどうかは、始まったばかりでいまだ未知数のところがあります。

　このほか、介護サービスの提供は行わない**有料老人ホーム**や、公営住宅のシルバーハウジングが、現在介護を受けていない方のための住宅の範疇に入ります。

2　介護が必要な方の場合

　いよいよ介護が必要になってきたときの住居としては、老人ホームなどの施設が有力な候補となります。

　施設には多くの種類があり、わかりにくいと思いますが、①入る施設から介護サービスを直接受けることができる施設か、②それとも外部からホームヘルパーなどに来てもらい介護サービスを受ける施設かどうかという点から分類できます。

　①の施設から介護サービスを受けることができる施設として、㋐特別養護老人ホーム（**特養**）に代表される介護老人福祉施設、㋑介護老人保健施設（**老健施設**）、㋒介護療養型医療施設、㋓**グループホーム**があります。

特養と老健施設との違いですが、特養は生活の拠点として最期まで生活ができますが、老健施設は、生活の場と病院の中間的存在で医師が常駐していますが、自宅に戻ったり、特養など他の施設に移ることが原則になっています。

　②の介護サービスを外部から受ける施設では、㋐軽費老人ホームと㋑養護老人ホームが代表例です。いずれも老人福祉法に基づく入居施設です。

　軽費老人ホームの中に、**ケアハウス**と呼ばれる施設があります。ケアハウスは、当初は食事、入浴等だけを提供していましたが、平成12年以降は、訪問介護などの外部サービスを受けられるようになり、人気があります。しかし、施設数が大幅に増加せず、入居希望者が多くすぐには利用できない状況があるようです。

　有料老人ホームは、もっとも多い定員を確保しているのですが、いろいろなタイプのホームがあるので、次のＱ２で、詳しく紹介します。

　なお、高齢者の住まいの選び方について、簡単な図式を次のページに掲載しています。ご参考にしてください。

Q1 高齢者の住まいの選び方

〔図1〕 終の棲家の選び方①

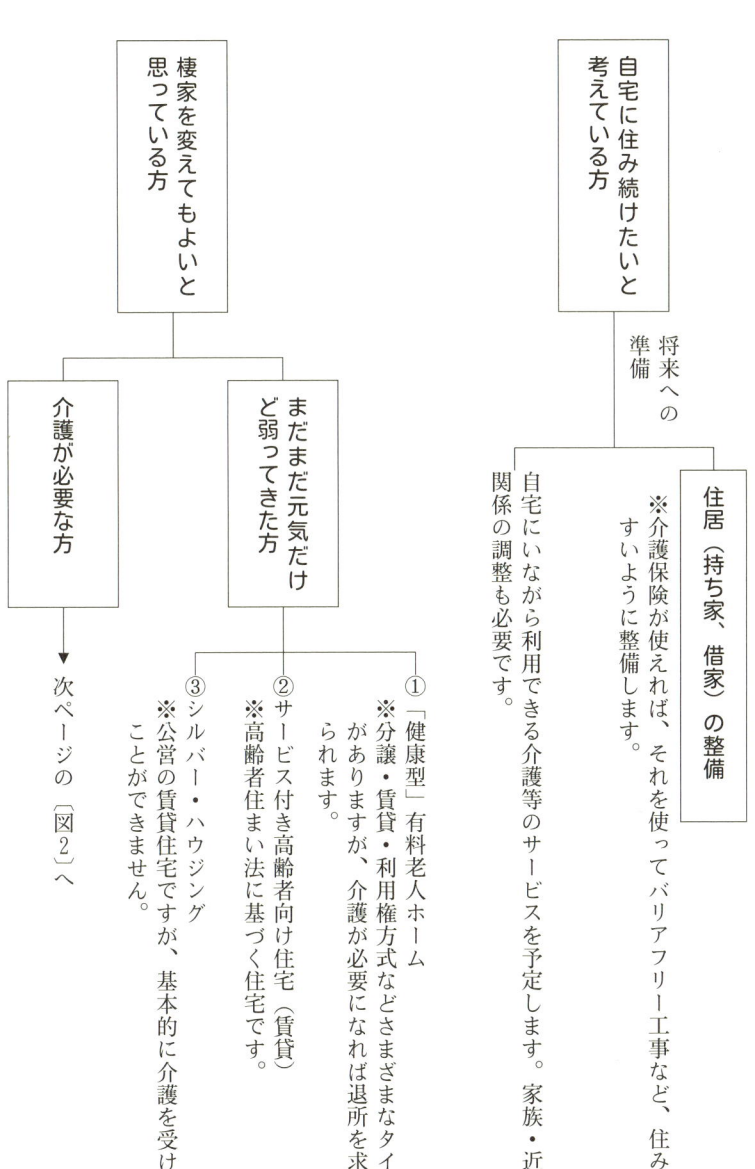

〔図2〕 終の棲家の選び方②——介護が必要な方

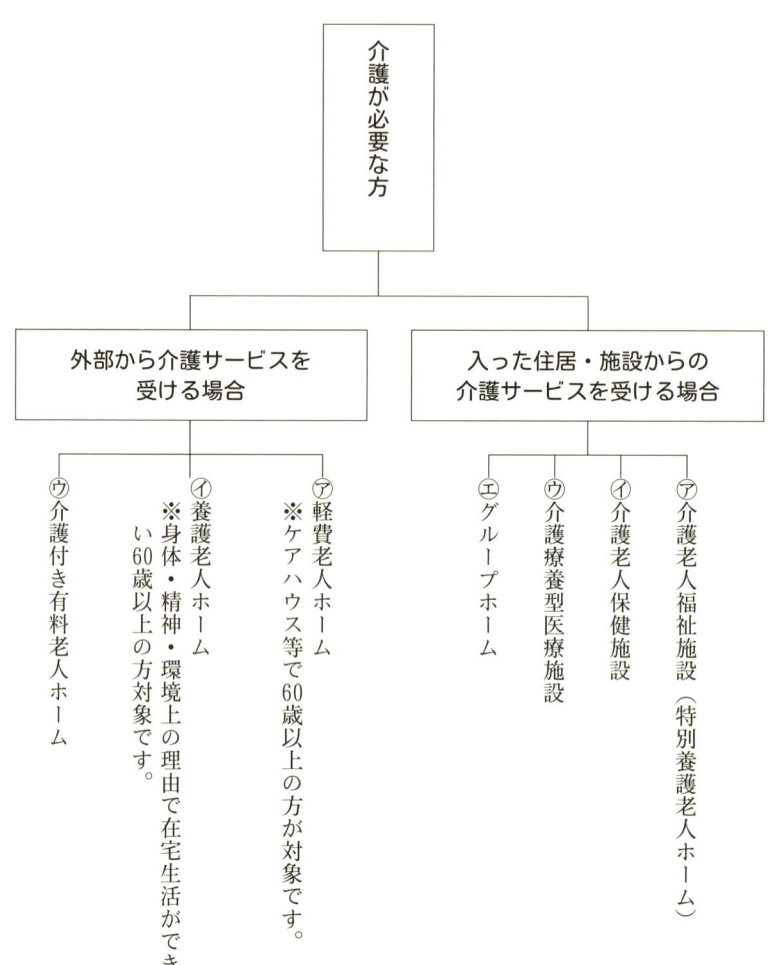

Q2　有料老人ホームの概要と注意点

一般に有料老人ホームといわれる施設がありますが、どのような内容の施設ですか。また新聞紙上で、有料老人ホームをめぐるトラブルが報道されていますが、どのようなことに注意すべきですか。

お答えします

1　有料老人ホームとは

有料老人ホームは、民間が経営している施設です。一部、公益法人等の経営もありますが、大半が営利法人によって経営されており、ビジネスベースで運営されています。

有料老人ホームとは、以前は老人福祉法で「常時10人以上の老人を入居させ、食事の提供や日常生活上必要な便宜を供与することを目的とする施設で福祉施設でないもの」と定義されていました。その後、平成18年の改正の際、10人以上の人員基準が撤廃され、常時一人以上の老人を入所させていれば、有料老人ホームに分類されることになりました。

有料老人ホームは、**介護付き**、**住宅型**、**健康型**と三つの種類がありますが、介護付きのタイプかどうか、さらに特定施設の指定を受けているかどうかが重要です。

都道府県知事から特定施設の指定を受けた有料老人ホームは、介護付き老人ホームを名乗ることができ、ホーム内で職員から介護サービスを受けることができます。

指定を受けるためには、入居者三人につき一人の介護職員を配置することが必要です。また平均的な有料老人ホームは、居室数50、約18平方メートルほどのトイレ付き個室で、浴室は共用になっているのが標準といわれています。

このような施設の場合、入居者は、介護費用を介護保険からまかなうことができますし、施設経営側としても要介護度に応じて定められた介護費用を受領することができるのです。

そのため、介護付き有料老人ホームは増え続けました。主要施設の施設数の推移ですが、わずか5年間で2.5倍近くに増えています（〔図3〕参照）。

また、平成18年の介護保険法改正では、施設の中で3対1の介護職員を配置しなくても、外部の事業者と契約し利用する外部サービス利用型特定施設が新たに認められています。

〔図3〕 高齢者の住まい──主要施設の施設数の年次比較

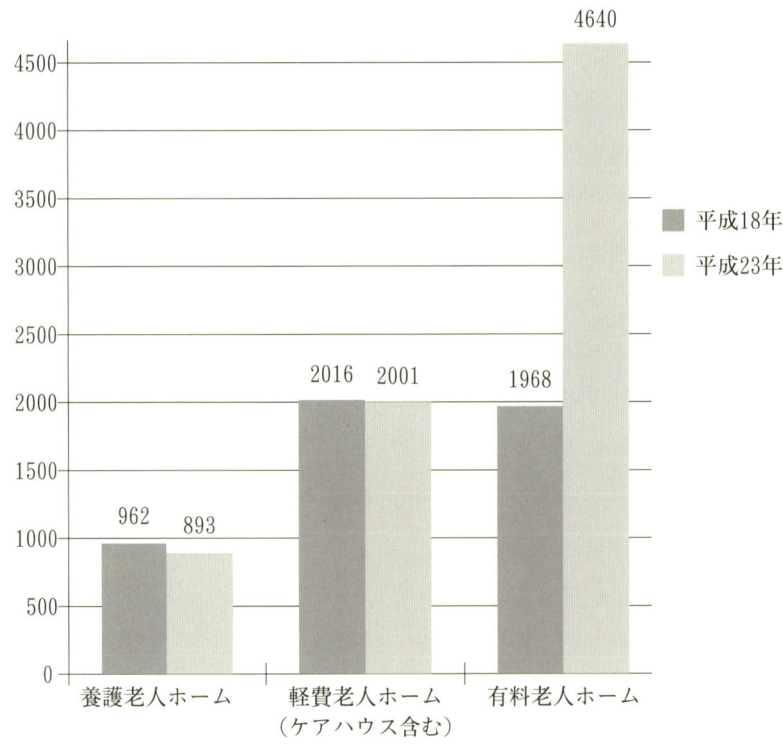

厚生労働省　平成23年「社会福祉施設等調査結果の概況」より抜粋

2　有料老人ホームをめぐるトラブル

　このように、有料老人ホームは、高齢者にとってたいへん助けになる存在です。他方で、経営主体の経営破綻や、根拠のはっきりしない入居一時金の支払いや貧困ビジネスの対象になるなどさまざまな問題も指摘されています。

　これを受け、平成23年の老人福祉法の改正では、「有料老人ホームの設置者は、家賃、敷金及び介護等その他の日常生活上必要な便宜の供与の対価として受領する費用を除くほか、権利金その他の金品を受領してはならない」（同法29条6項）とし、**一時金の受領が禁止**されることになりました。

　いずれにしても、登録情報その他の情報を認識し、利用者自身も悪質なサービスを峻別する力をつけることが必要になっています。

Q3 高齢者住まい法とは

高齢者住まい法が改正されたと聞きましたが、改正で、どのようなことが変わりましたか。

お答えします

Q1でも紹介しましたように、大家さんが高齢者に部屋を貸したがらないといった風潮があったり、急速に超高齢化社会が進行し、独居や高齢者夫婦だけの世帯が増えているという実情から、国は平成13年「高齢者の居住の安定確保に関する法律」（高齢者住まい法）を定め、高齢者の入居を拒否しない住宅の登録制度を進めてきました。

そして、平成21年、高齢者の住まいは、建物整備だけでなく生活支援の視点も必要との考えから、この法律は、国土交通省と厚労省の共管とされ、登録できる住まいを、高齢者円滑入居賃貸住宅（高円賃）、高齢者専用賃貸住宅（高専賃）、高齢者向け優良賃貸住宅（高優賃）の3種類に分類し、それぞれ受けられるサービス、入居条件などにつき差別化を図りました。

そのように改正された制度ですが、平成23年の改正では、上記三つの住まいの分類を廃止し、これらを統合し「**サービス付き高齢者向け住宅**」に一本化しました。

これは高齢者の住宅政策として、介護・医療と連携し、高齢者を支援するサービスを提供する住宅を確保することが、諸外国と比し、立ち後れているとの認識にもとづくものです。

「サービス付き高齢者向け住宅」の基準は、一室が18平方メートル以上、トイレ、洗面付きですが、高専賃との違いは、サービス付きというところです。登録基準で義務づけられるサービスは、最低限「安否確認」と「生活相談サービス」が求められており、社会福祉法人等の

職員もしくはケアマネジャーなどの常駐もしくは緊急通報システムでの対応が必要とされています。

　しかし、わずか3年で住宅政策の基本が変わることについて疑問の声もあり、前述した有料老人ホームとの違いなどわかりにくいところもあり、いずれにしても恒久的な住宅政策が求められています。

Q 4　住まいについての相談窓口は

高齢者向けの住まいについての相談窓口はどこにありますか。

お答えします

1　インターネットによる探し方

本書をご覧いただいている方で、インターネットの利用が可能な方は、比較的容易に検索できるかと思います。

ワムネット（WAM NET）は、独立行政法人福祉医療機構が運営している福祉・保健・医療の総合情報サイトです（http://www.wam.go.jp/）。

老人福祉法に基づく入居施設には、軽費老人ホーム、養護老人ホームなどがあり、介護保険法によらず、市町村による措置で入居者が決まりますので、市町村の窓口にも相談してください。

介護保険施設（特別養護老人ホーム、介護老人保健施設、介護療養型医療施設*）については、公益社団法人全国老人保健施設協会のホームページをご参照ください。このほか、有料老人ホーム等について民間が開設したサイト（http://www.my-kaigo.com/ 等）があります。

高齢者向けの賃貸住宅については、財団法人高齢者住宅財団のサイトを見ると全国の「サービス付高齢者向けの住宅」が都道府県別に検索できます（http://www.koujuuzai.or.jp/）。

2　インターネット以外の探し方

インターネットの利用が難しい場合ですが、賃貸住宅を探しておられる場合は、都道府県や市町村の高齢者向けの住宅相談窓口（名称は都道府県、市町村によって異なります）で必要な情報を得ることができます。

介護が必要で在宅ではなく施設での生活を希望される方は、**地域包**

括支援センターにいるケアマネジャーに相談されて、適宜施設や賃貸住宅を決めることになります。

　有料老人ホームを調べたいときは、社団法人全国有料老人ホーム協会（☎03-3548-1077）に加盟している有料老人ホームの情報を、この協会で提供しています。

　このほか住宅、施設と直接関係しませんが、民間の賃貸住宅に入居したいが、適当な保証人を見つけることができないといったケースでは、家賃債務を保証してくれる機関があります。

　財団法人高齢者住宅財団高齢者居住支援センター
　☎0120-602-370　　http://www.koujuuzai.or.jp/

　　＊介護療養型医療施設については、平成30年3月末で廃止の見通しです。

2 介護

Q 5　介護についての相談窓口は

相談窓口はどこですか。自治体が行っている高齢者福祉サービスの内容について教えてください。

お答えします

1　相談窓口

介護保険の利用や、介護一般のことについての相談窓口は、市町村の役所など身近な場所にあります。何か相談したいことがあれば、まずは、これらの相談窓口に電話等で相談してみることをおすすめします。

⑴　**市町村の役所、役場**

お住まいの地域の役所には、「保健福祉課」等の名称で介護保険や高齢者福祉サービス一般について、専門スタッフによる相談援助を行ってくれる窓口があります(窓口の名称は地域によって異なります)。特に予約などは必要なく、時間内に電話や相談をすれば対応してくれます。まずは、お住まいの地域の役所に相談しましょう。

⑵　**地域包括支援センター**

また、介護保険法の規定により、各市町村は、ケアマネジャー、保健師、社会福祉士等の専門職がお互いに協力して業務にあたる「地域包括支援センター」という機関をおいています。

ここでも、介護保険の相談だけでなく、高齢者に関する一般的な相談を受け付けています。また、要介護認定の申請の代行も行ってくれます。

この「地域包括支援センター」は、保健センターなどの公共施設や、

老人ホームの建物内などに多く設置されていますが、その場所や電話番号についても、役所に聞けば教えてくれます。

⑶　その他の相談窓口

その他、ケアマネジャーがケアプランを作成する事業所である「居宅介護支援事業所」や、地域の身近な相談窓口「民生委員」、地域住民が認知症についてのサポートを行ってくれる**「認知症サポーター」**が相談を受け付けています。連絡先については、お住まいの役所や地域包括支援センターで案内を受けてください。

2　自治体が行う高齢者福祉サービス

介護保険法上の要介護（要支援）認定を受けた方も、受けられなかった方も、介護保険法に規定されているサービスとは別個に、自治体が行っている高齢者福祉サービスを受けられる場合がありますので、ぜひ検討しましょう。高齢者福祉サービスには、自治体ごとに、利用料金の有無、支給要件の有無などが異なりますが、代表的なサービスを挙げると〈表１〉のようなものがあります。

お住まいの自治体にどのような福祉サービスがあって、どのような条件で利用できるかについては役所の保健福祉課（名称は地域によって異なります）に問い合わせてみてください。

〈表1〉 主な高齢者福祉サービス

(1) 在宅支援サービス
・火災を起こさないための電磁調理器や、自動消火器の給付 ・自宅に対する緊急通報装置の取付け ・安否確認も兼ねての配食実施・ボランティアによるふれあい会食実施 ・ゴミを運ぶことが困難な方に対するふれあいゴミ収集サービス
(2) 補助・手当て
・安定した生活を営むための資金貸付け ・公衆浴場の入浴料の割引 ・公共交通機関の乗車券の無料化
(3) その他
・高齢者を介護しているご家族を対象に介護方法や介護技術の研修会、意見交換会の実施

※自治体により異なることがあります。

Q6　介護保険で介護を受けるには

今は元気ですが、いずれは介護を受けなければなりません。介護保険で介護を受けるしくみについて教えてください。

お答えします

1　介護保険の介護サービスとは

前提として、**介護保険**は、①65歳以上の高齢者の方と、②40歳から64歳までの方で特定の疾病で介護を必要とされている方が対象となります。これらに当てはまる方が介護保険のサービスを利用できます。なお、「特定の疾病」とはアルツハイマー病、パーキンソン病等「加齢に伴って生じる心身の変化に起因する疾病」であって政令で定めるものとされています（介護保険法7条3項2号）。

次に、介護は、その行われる場所から二つに分けることができます。①訪問介護、訪問入浴介護、デイサービス、ショートステイなど自宅で介護を受ける居宅介護と、②特別養護老人ホームなど施設で介護を受ける施設介護です。それぞれの介護は、介護保険法上は、居宅サービス、居宅介護支援サービス、施設サービスなど、さらに細かく分類されます。

ここで、介護保険法ですが、その第1条に、介護が必要となった方が「尊厳を保持し、その有する能力に応じ自立した日常生活を営むことができるよう必要な保健医療サービス及び福祉サービスに係る給付を行うため、国民の共同連帯の理念に基づき介護保険制度を設け」るとされています。すなわち、介護保険法は、高齢者の方が個々の能力や程度に応じた介護を受けながら、尊厳に満ちた生活ができるということをその理念として掲げています。したがって、介護保険法でも、個々の高齢者の方の状況に応じた適切な介護サービスを組み合わせた介護を受けられるよう配慮されています。

2　介護保険の介護サービスを利用するには

では、介護サービスを利用する手続ですが、〔図4〕のようになります。このように、介護が必要になったとき、役所への申請や**ケアマネジャー**とのやりとりが必要になります。ご自身では不安がある方は、ご家族や信頼できる方に将来のことをお願いしておいた方が安心ですね。

〔図4〕　**介護保険で介護サービスを受けるまでの手順**

① 自宅のある市町村の介護保険課など担当窓口に申請します。申請の際は、介護保険被保険者証、医療保険被保険者証が必要です（詳しくは担当窓口にお尋ねください）。申請は、介護事業者が代行して行うこともできます。

 申請があると、

② 高齢者の方の心身の状況を調査し、主治医の意見なども聞きながら、要介護認定がなされます。

 認定を受けると、

③ 結果に応じたケア（介護）プランを立てることになりますが、通常はケアマネジャーに依頼することが多いようです。

 ケアプランができると、

④ 介護を利用する方と介護事業者が直接契約し、介護サービスの提供が始まります。

Q7　遠距離介護はどうすればいい

離れて暮らす親に介護が必要になりました。どのように支えていけばよいでしょうか。

お答えします

1　親を介護する親族が近くにいる場合

あなたのきょうだいや親族が親と同居しているか、近くに住んでいる場合は、そのきょうだいや親族が介護の主な担い手になると考えられます。そのため、まずは、きょうだいや親族の話を聞き、あなた自身ができることを探しましょう。食事の世話や、入浴の介助などの日々の介護はできなくても、休日の介護は手伝うことができるかもしれません。また、現実の介護はできない場合でも、金銭的な援助は可能です。日々の介護を担うきょうだいや親族ともよく話し合って、介護を受ける本人の希望に沿った援助を見つけましょう。

2　親を介護する親族が近くにいない場合

親が一人暮らしをしている場合や、近くのきょうだいや親族の介護が期待できない場合は、どうでしょうか。子であるあなたが、親の近くに引越したり、頻繁に介護に通うことができればよいですが、仕事や家庭があれば、それもなかなか難しいでしょう。一方、あなたのお住まいに引き取ることは、親に知り合いのいない土地で生活させることになり、ストレスを与えかねません。

では、親もあなたも引越しせずに、親を支えていくことはできないのでしょうか。そのような場合も介護サービスをうまく利用すれば不可能ではありません。いまだ介護サービスを受けていない場合は、親の住む市町村の窓口に相談して、要介護認定を受ける申請をします。

申請があると、心身の状況を調査し、主治医の意見なども聞きながら、要介護認定がされます。認定を受けると、結果に応じたケアプランを立てられ、介護サービスの提供が始まります（相談窓口、要介護認定の手続については、Q5、6をご参照ください）。

　親の状態を知っておけば、早い対応も可能ですので、日頃から親と連絡を密にとっておくことが大切ですね。

こらむ　ケアマネジャーとは

　ケアマネジャーとは、簡単にいえば、介護保険サービスを利用する際に、何でも相談できる最も身近な専門家（介護福祉士等の国家資格保有者）です。

　ケアマネジャーは、あなたが介護保険サービスを活用する際に、あなたの健康状態や生活状況に合わせて、ケアプラン（介護サービス計画）を作成してくれるだけではなく、介護サービス利用中に起きた問題や苦情の処理も行っているので、まさに介護保険サービス利用についてのあらゆる相談をできる人物です。

　このようなケアマネジャーは、地域包括支援センターで紹介してもらえます。また、ケアマネジャーへの相談や、ケアプラン作成について、料金の自己負担はありません。

　介護保険利用を検討している方は、まず、お住まいの地域のケアマネジャーに相談しましょう。

3　年金・生活保護

Q8　定年後の生活プラン

定年が近づいております。定年後も引き続いて働けるのか、将来年金がどうなるのか、今後、長生きした場合にお金が足りるのかと考えると不安が募ります。現在、妻と二人暮らしで、私たち夫婦に子どもはおりません。持ち家の住宅ローンが残っていますが、退職金を充てて完済はできそうです。そのうえで、将来の生活設計は、どのように考えたらよいのでしょうか。また、このようなことについては誰に相談すればよいのでしょうか。

お答えします

あなたの場合、住宅ローンは退職金で完済できる見込みとのことですので、現在のお持ちの預金等の資産を踏まえて定年後のおおよその家計の収支として、今後、見込める給与や年金等の収入と、毎月の生活費等の通常支出とともに車の買換え、家の修繕、緊急の手術などの臨時の支出を考えてみましょう。給与や年金で毎月の生活費がやり繰りできるか否か、できるとしてどのくらいの余裕が持てそうか、臨時の支出が必要になった場合に損害保険や生命保険からの給付や預金の取り崩しで対応できるか否かなどおおよその想定をしてみて、その余裕次第で、後述する融資制度の活用なども考えられてみてはいかがでしょうか。その制度を利用するにあたっては、制度を取り扱っている金融機関や自治体、あるいは弁護士やファイナンシャルプランナーという専門家にご相談されて、これからの長い人生の生活プランについて一緒になって考えてもらうとよいでしょう。

1　将来の生活設計

　高年齢者等の雇用の安定等に関する法律（**高齢者雇用安定法**）という法律も改正され、今後は65歳までは働ける可能性は高くなるのではないかと思います。ただ、65歳まで働ける場合であっても、賃金が下がる場合が少なくないようですし、公的年金についても将来的に制度が変わることもありえます。企業年金もお勤め先の将来の経営状態などによっては減額もありえる話ですから、将来の生活に不安を覚えられるのも理解できます。

　まず、日常的な支出も臨時の支出もある程度余裕をもって見込める場合、たとえば子どももいないので持ち家などの資産を残す必要もないと考えられるなら、将来、持ち家を処分して希望する老人ホーム等に入居することも考えられます。また、自宅で生活する場合でも、お金を借りてでも残りの人生をより充実させたいと考えられるならば、後述するような**リバースモーゲージ**という融資制度があります。

　一方で、毎月の生活費のやりくりは何とかなるものの、家の修繕、緊急手術などの臨時の支出を要することになったときに手持ちの預金等だけでは足りない可能性のある場合には、後述する年金担保融資などの融資制度があります。

2　利用できる融資制度

(1)　リバースモーゲージ

　リバースモーゲージは、自宅を担保にして必要なお金を借りて、お亡くなりになったときや借入限度額まで利用しきったときに、それまで借りていたお金を自宅の処分でもって返済する制度です。この制度は、一部の民間の銀行・信託銀行などの金融機関が提供している融資制度です。この制度は、どちらかというと資産（主に不動産）に余裕のある方向きです。お持ちの自宅が戸建てで、その中古価格も4000万

円以上の評価がないと利用できないなどの制限があります。ただ、この制度をご利用になった後、自宅の価格が大きく下がったりした場合には、ご存命中であっても借入れの利用が打ち切られるということもありますので、ご利用にあたっては注意が必要です。

なお、リバースモーゲージと呼ばれるものの中には、公的機関が用意する「要保護世帯向け長期生活支援資金」貸付制度があります。これは、本来ならば生活保護の受給資格があるような方であっても自宅をお持ちであるために生活保護の受給ができない場合、その自宅を担保に国がお金を貸し付け、貸付金が満額になったときに、自宅を手放して返済し、その後は生活保護を受けて生活することを想定しているようです。

毎月の生活費が不足し、少しずつ取り崩していた預金もほとんど底を突くことが予想される場合には、この貸付制度を検討してもよいと思いますが、自宅を手放すことが前提となりますので、冒頭で述べたような関係者に相談のうえ、慎重に決めてください。

(2) 年金担保融資

年金担保融資は、言葉のとおり、年金を担保にしてお金を借り入れる制度です。ただし、この制度を利用されますと、後々に受給する年金から一定期間、借入金の返済分が控除されることとなりますので、年金と毎月必要な生活費の間に多少なりとも余裕がないと利用は難しいでしょう。したがって、どうしても一時的に小口のお金が必要になったときなどやむをえない場合に利用するのが大前提です。なお、この制度は、独立行政法人福祉医療機構というところだけが取り扱っています（ほかのところで扱うことは法律で禁止されています）。まぎらわしい詐欺や不当な高利貸しも多いので、気をつけてください。

その他自治体では、生活福祉資金の貸付制度を用意しているところもあります。

Q 9　生活保護

夫が先に亡くなり、現在は賃貸住宅に一人暮らしです。子どもたちはいますが、折り合いが悪く、長い間、連絡をとっていません。身体の調子も悪く、今後、老後の生活が不安です。どうすればよいのでしょうか。

お答えします　生活が困難で病気の治療も受けられない場合、生活保護という制度があります。この制度を利用すれば、食費などの日常の生活費の援助（生活扶助）や医療費の援助（医療扶助）をしてもらえます。

　もっとも、生活保護の利用にあたり、以下のような要件を充たしていることが求められます。

1　生活保護の受給要件

　まず、預金や生命保険の解約金があるとか持ち家があるとか資産をお持ちの場合には、これらの資産を使って生活すること（**資産活用の要件**）が求められます。そのうえで、心身の状況に照らして働ける人は、その能力に応じて働くこと、少なくとも働く努力をすることが必要です（**能力活用の要件**）。また、他の制度で給付が受けられるならば、その制度を優先して利用すること（**他法他施策活用の優先の要件**）、親・子・きょうだいから援助が受けられるならば、その援助を受けること（**扶養義務履行の優先の要件**）の条件をクリアする必要があります。

　生活保護の申請をしたときに、資産の内容や親族の生活状況等が慎重に審査されます。ただ、預金はすべて使い切らなければならないとか、足が悪く通院や買い物のためにどうしても車がないと困る場合に

お持ちの車を必ずしも処分しなければならないというわけではありません。さらに、子どもが働いている場合であっても、子どもの収入状況や子どもとの関係次第では、必ずしも子どもの援助が求められるわけでもありません。

この点、あなたの場合は、子どもさんとは長い間疎遠ということですので、子どもさんたち自身も生活に余裕がない等の事情があれば、生活保護を受けることができると思われます（ただ、現在、生活保護の支給に関しては厳しい方向で見直しが検討されており、子どもさんたちの就業状況等については厳しく調査されることもあるかもしれません）。

あなたが自分で生活保護の申請手続をするにあたって、これらの事情をうまく説明できる自信がないということであれば、弁護士に依頼することで手続を代行してもらえます。

2　その他福祉サービスの利用

今後、さらにお身体が悪くなられたような場合には、身体障害者手帳の申請を受けられますと、生活保護費とは別に交通手段などのさまざまな公的サービスの援助を受けることができます。さらには、自宅に住みながら介護の給付を受けるということもできますので、おひとりで悩まず自治体やさらには弁護士等の専門家に相談してください。

Q 10 信託の活用

新聞の記事やパンフレットなどで、「遺言信託」とか「信託」という言葉を目にすることがあるのですが、これはどういう制度なのでしょうか。

お答えします　最近、新聞や雑誌などで「信託の活用」という記事をよく見かけるようになりました。

たとえば、信託銀行のパンフレットなどにも「遺言信託」というサービスを見かけることがあります。これは、遺言にかかる一連のサービスを意味しているようです。たとえば、公正証書遺言書の作成、公正証書遺言書の保管、相続発生後の遺言執行を一貫して引き受けるサービスです。

しかし、このサービスは「信託」という表現を使っていますが、信託法という法律で定められている本来の「信託」という制度の利用とは異なります。

信託法上は、**信託**とは、信託契約、遺言、公正証書等という方法によって、「特定の者が一定の目的に従い、財産の管理又は処分及びその他の当該目的達成のために必要な行為をすべきものとすること」をいいます（信託法2条、3条）。この説明だけですと、わかりにくいと思いますので、いくつかの設例で説明します。大きく分けて、生前に契約によって信託をする場合と遺言の中で信託する場合があります。

1　生前の信託契約・遺言代用信託

（設例）
一人暮らし男性（83歳）は、会社の経営は息子に引き継ぎ、預金を取り崩しても十分に生活はできています。息子のほかに娘が

一人おり、その娘夫婦には中学1年生の孫が一人います。この孫が将来医者になりたいと言っています。もし私立の医学部に進学することになれば、自分が学費の一部を負担してやりたいと考えています。ただ、孫が将来医学部に進学するのか不確定ですし、そのときに自分が生きているかわかりません。また判断能力が衰えて忘れてしまっているかもしれません。今のうちに、入学してから卒業するまでの学費の一部を預金から支払いできる取り決めをしておきたいと考えているのですが、何かよい方法はあるでしょうか。

　このケースで、仮にお孫さんが受験する頃にその男性がお亡くなりになり、息子さんと娘さんの間で円滑に遺産分割の協議ができない場合、結果としてお孫さんは医学部進学を希望していても金銭的な面から断念することもありえます。この場合、あらかじめ信託銀行との間で、ある程度まとまった預金を信託財産とし、生前はその預金から自分の治療費などに充てて、自分が亡くなったときに残りの預金をお孫さんが医学部に進学することになったときの学費に充てられるよう管理・処分してもらう信託契約を結んでおけば、信託銀行がその契約に基づいて学費の支払いをしてくれます。このような信託を遺言代用信託といいます。遺言と違うのは、生前に信託の効力が発生する点です。

2　遺言を利用した信託

──（設例）──
　妻が先に亡くなり、離婚して実家に戻っている娘と孫の3人で暮らしています。孫は身体障害とともに知的障害があります。私は、賃貸アパートの収入もあり、それなりの貯蓄ができております。自分が亡くなった後は娘たちの将来の生活費に充ててもらっ

> たらよいと思っているのですが、娘は金遣いが荒いところもあって心配しています。孫の世代までも安心して生活できるよう毎月一定のお金が娘や孫に渡されるように取り決めをしておきたいと考えているのですが、よい方法はありますか。

　この場合、お孫さんは、ただちにはあなたの相続人とはなれませんし（養子縁組をされれば別です）、あなたの相続人となる娘さんからお孫さんにきちんと財産が引き継がれる保証もありません。あなたが遺言によってお孫さんに直接賃貸アパート等を遺贈することはできますが、その場合でも毎月の家賃がお孫さんの生活費にきちんと充てられる保証はありません。このようなときに、遺言で賃貸アパートを信託財産として（たとえば、信託を利用した不動産の運営・管理を扱うことができる信託会社に受託者となってもらう）、あなたがお亡くなりになったときは、まず娘さんがその家賃から毎月一定のお金を受け取ることができる（第1次受益権といいます）ようにし、娘さんがお亡くなりになったときは、お孫さんが引き続いて新たに受け取ることができる（第2次受益権といいます）ようにあらかじめ定めることができます（後継ぎ遺贈型受益者連続信託といいます。信託法91条）。なお、この信託は、信託を設定してから30年目に区切りを設けて、それ以後の受益権の取得については制限している点に注意を要します。

　このように、信託はもっぱら財産管理のための制度ですので、身上監護が必要であれば、任意後見、法定後見（成年後見・保佐・補助）、未成年後見等の制度を併用する必要もありますし、これらの制度でもって財産管理、将来の遺産の承継に問題がなければ、信託という制度をあえて利用する必要もありません。ただ、これらの制度や民法で定められている相続制度ではうまく対応できない隙間の事例もありますので、このようなときに、信託という制度の利用が検討されます。

4　消費者被害

Q 11　高齢者の消費者被害の特徴と対策

高齢者は消費者被害にあいやすいと聞いたのですが、それはどうしてですか。また、高齢者が消費者被害にあわないためにはどうすればよいですか。

お答えします

1　高齢者の消費者被害の特徴

高齢者は、一般的に①若年層に比べてお金を持っている、②家に一人でいることが多い、③物事の判断能力が低下していたりすることがある、④頑強な若い人に強く迫られると怖くて反抗できないことがある、⑤お金や将来のことについていろいろな不安を抱えていることがあると言われています。

このため、高齢者は**消費者被害**にあいやすいと言われ、国民生活センターの統計によると、高齢者の消費者被害に関する相談件数は平成16年度（2004年度）から平成22年度（2010年度）まで毎年10万件を超えています（〈表2〉）。

とりわけ、一人暮らしの高齢者の自宅に押しかける訪問販売や電話勧誘販売による被害が多いようです（〈表3〉）。

具体的には、①一人暮らしの高齢者の自宅に突然業者が訪れ、長時間にわたって帰ってくれず、誰からも助けてもらえずに、途方に暮れた挙句にまったく欲しくない物を買わされてしまうケース、②健康に不安を抱えている高齢者が、健康に対する不安をあおられて健康食品などを購入させられてしまうケース、③高齢者の自宅に最初は単なる「親切な話し相手」として訪問してきたため信用できる人だと思ってい

〈表2〉 契約当事者が70歳以上の相談の件数

年度	件数
2004年度	129,392件
2005年度	139,685件
2006年度	135,014件
2007年度	109,166件
2008年度	115,521件
2009年度	122,428件
2010年度	138,691件
2011年度	147,662件

(国民生活センターのホームページより)

〈表3〉 販売方法・手口別件数(2011年度・当事者70歳以上の相談)

順位	手口	件数(割合)
1	電話勧誘販売	25,554件(17.3%)
2	家庭訪販	22,862件(15.5%)
3	利殖商法	12,668件(8.6%)
4	二次被害	7,910件(5.4%)
5	次々販売	5,058件(3.4%)
6	当選商法	4,273件(2.9%)
7	インターネット通販	3,915件(2.7%)
8	無料商法	3,258件(2.2%)
9	販売目的隠匿	2,987件(2.0%)
10	点検商法	2,712件(1.8%)

(国民生活センターのホームページより)

たところ、少しずつ商品を売りつけられるようになったが、そのときにはすでに断りづらくなっていたため渋々購入してしまうケースなど、悪徳業者は、さまざまな手口で高齢者に近づいてきます。

2　高齢者の消費者被害を防止するためには

このような高齢者の消費者被害を未然に防止するためにはどうすればよいのでしょうか。

まずは、情報をよく集めることが必要です。家族や親戚、近所の高齢者仲間などと情報を共有すること、テレビなどで消費者被害の話題をチェックしておきましょう。また、ご自分の家族・親戚や近所の人が、訪問販売や電話勧誘販売などで買い物をしている様子が見られたときは、悪質な消費者被害にあってはいないか、事情を聴いてあげましょう。このように家族やご近所の方々で助け合うことが、あなた自身の身を守ることにもなります。

次に、自分の自宅に業者が押しかけてきたときにどのように対処するかをご自身でシミュレーションしておくことが大切です。

たとえば、知らない業者が押しかけてきたときに、玄関を開けずにインターホンで対応することや（当然玄関には鍵をかけておくべきです）、また、直接対応するときであっても、「必ずこの場は断る」と自分に言い聞かせることが大事です。そして、なかなか帰ってもらえない場合には、近所の人に助けを求めたり、（離れて住んでいる）家族に電話をしたりするなど、業者がその場にいたとしても他の人に相談するなどの方法も考えられます。また、帰ってもらうよう何度も繰り返しているのにどうしても帰ってもらえない場合には、警察への110番通報もためらわずに考えるべきです。

また、ご自身の判断能力が鈍ってきたと感じたり、判断能力が鈍ってきていると感じる高齢者があなたの周りにいれば、もしものときに

備えて、「任意後見制度」（Q22〜Q29参照）や「財産管理契約」（Q21、Q23、Q26、Q28、Q29参照）や「成年後見制度」（Q30〜Q36参照）の制度の利用を考えることも必要です。

　なお、厳密に言うと消費者被害とは少し異なりますが、「振り込め詐欺」による被害も増えています。「振り込め詐欺」は最初からあなたを騙すつもりでやってきますので、手口などもどんどんと巧妙になっています。「振り込め詐欺」については、とにかく、いきなり多額の金銭を振り込まないということが重要です。落ち着いて、振り込む前に家族や近所の人、場合によっては警察署に相談するようにしましょう。

Q 12　クーリング・オフ制度とは

訪問販売で断りきれずにしたくもないリフォームの契約をしてしまったのですが、どうすればよいでしょうか。できればなかったことにしたいのですが、契約を解約したりすることができますか。

お答えします　解約できる場合があります。

1　不要な契約をしてしまったら

Q11で説明したとおり、高齢者を狙った悪質な訪問販売や電話勧誘販売が後を絶ちません。では、もしも、訪問販売を断りきれずに不要な物品を購入したり、リフォームの契約をしてしまった場合には、どのように対処すればよいのでしょうか。

まずは、一人で悩まずに家族・親戚や友人、消費生活センター（Q13参照）などに相談しましょう。訪問販売や電話勧誘販売などについては次に述べるような「**クーリング・オフ**」などの救済制度がありますが、この制度を利用するにあたっては時間的な制約がありますので、クーリング・オフのことについて詳しい人や相談を受けてくれそうな人に、とにかく早く相談してください。

2　クーリング・オフ制度とは

上で少し述べましたが、訪問販売や電話勧誘販売に対しては、「特定商取引に関する法律」（特定商取引法）がクーリング・オフという救済制度を設けており（同法9条）、この制度を利用して、契約の申込みの撤回または契約の解除を行うことができます。

このクーリング・オフは、訪問販売や電話勧誘販売のときに「申込

41

書面」や「契約書面」（いずれも法律で定められた事項のすべてが記載されたもの）を受け取った場合には、原則として、その書面を受け取った日からその日を含めて8日目までの間に（たとえば、1月1日に申込書面を受け取った場合は1月8日まで）、「書面」で業者に「契約の申込みの撤回又は契約の解除をする」旨を通知する必要があります。書面は、8日目までの間に発送すればよく、8日目までに業者に到着する必要はありません。

また、書面による通知ですが、後で「通知なんか受け取っていない」と言われないために、「内容証明郵便」で出すことが望ましいと思います。ただし、時間がないときや内容証明郵便の出し方がわからないときは、応急処置的に、書面の内容をすべてコピーして残したうえで簡易書留にて発送するなどの方法も有効的だと思います。

3　クレジットカードを利用した場合

なお、クレジットカードを利用した場合にはより問題は複雑です。あなたは、業者から物品を購入したという認識かもしれませんが、あなたは業者との間で売買契約を結んだだけでなく、クレジット会社との間での**クレジット契約**も結んでいるのです。このため、販売業者に対してクーリン・グオフの通知をするだけでなく、クレジット会社に対する連絡も必要になります。ちなみに、クレジット契約を結んでいる場合には、販売業者ではなくクレジット会社に対してクーリング・オフする制度もありますが、専門的ですので、ご自身でクーリング・オフの通知をされる場合には、販売業者とクレジット会社の双方にクーリング・オフの通知を送るほうが無難だと思います。クレジット契約を締結している場合には、このように難しい問題もありますので、とにかく早く専門家にご相談されることをおすすめいたします。

Q13 消費者被害にあったときの相談機関

消費者被害にあった場合に相談できる機関を教えてください。

お答えします　消費生活センター、各弁護士会、法テラス、その他市区町村の市民窓口・地域包括支援センターなどの機関があげられます。

消費者被害にあったとき（あったと思ったとき）には、家族・親族や身の回りの人々のほか、次に記載する機関などに相談するべきです。時間が経つほど解決が難しくなったり、繰り返し被害にあってしまうおそれがありますので、できるだけ早く相談するようにしましょう。

1　消費生活センター

全国の「消費生活センター」が消費者被害に関する相談に対応してくれます。

全国統一の「消費者ホットライン」【電話番号0570-064-370】が設けられているほか、全国各地の消費生活センターに直接電話することも可能です。上記の消費者ホットラインに電話をした場合、ガイダンスに従って、あなたのお住まいの郵便番号をプッシュすれば、お近くの消費生活センターにつないでもらえます。

なお、消費者ホットラインに電話した際に、話し中などでつながらない場合には、「国民生活センター　平日バックアップ相談」【電話番号03-3446-1623】が設けられていますので、そちらに電話することも可能です。

消費生活センターに電話すれば、有益な対処方法などや法律相談ができる場所などのアドバイスをしてもらうことができます。

2　各弁護士会・法テラス

　弁護士は法律的な相談に応じてくれるため、消費者被害について具体的な法律相談をしたいときには、法律事務所に行って弁護士に相談することが有益だと思います。知り合いに弁護士がいないときには、最寄りの「**弁護士会**」や「**法テラス**」【電話番号0570-078374】に電話をすると、法律相談を案内してもらえます。

　消費者被害は、Q12でも触れたようにクーリング・オフなど時間的制約のある制度もありますので、できるだけ早く弁護士にご相談されることをおすすめします。

　たとえば、大阪弁護士会の場合には、高齢者や障害者の方々を法律的に支援するセンターとして「**ひまわり**」【電話番号06-6364-1251】が設置されており、高齢者の方の法律相談を受け付けています（詳しくは、最寄りの弁護士会にお問い合わせください）。

　また、本書を執筆している「NPO法人**遺言・相続・財産管理支援センター**」【電話番号06-6208-2121】は、無料での電話相談（20分）に応じるほか、弁護士や税理士などの専門家を無料でご紹介させていただきますのでご利用ください。同センターの事務所は大阪にありますが可能な限りにおいて、各地からのご相談をお受けいたします。

3　その他

　上記以外には、たとえば、「市区町村の市民窓口」や「**地域包括支援センター**」（市町村が責任主体となって地域住民の保健医療の向上および福祉の増進を包括的に支援することを目的として、包括的支援事業等を実施する役割を担うために設置された機関）は、消費者被害相談を専門にしている機関ではありませんが、場合によってはどこか有益な相談場所を紹介してくれることもあります。

5　高齢者虐待

Q 14　高齢者虐待を見つけたら

　私の友人（高齢者）が、その家族から身体的・精神的・経済的な虐待を受けているように思うのですが、誰に相談すればよいですか。

お答えします　市町村の市民窓口や地域包括支援センターなどに相談してください。

1　通報の義務

　虐待の可能性が疑われる場合には、たとえ生命や身体に具体的な危険が生じていない場合でも、その友人の方が居住している市町村の市民窓口や地域包括支援センターに通報あるいは相談してください。高齢者の生命や身体などに重大な危険が生じている場合は、発見者には市町村への通報義務が課されています（高齢者虐待の防止、高齢者の養護者に対する支援等に関する法律（高齢者虐待防止法）7条1項）。

　通報を受けた市町村や地域包括支援センターでは、虐待の有無等を確認して、生命や身体に危険が生じている場合には、緊急入院や老人短期入所施設へ入所などの措置をします。また、場合によっては地域包括支援センターの職員等による立入調査等をします（高齢者虐待防止法11条1項）。さらに必要な場合には、警察に援助要請をして高齢者を保護することもできます（高齢者虐待防止法12条1項）。

2　虐待の種類

　虐待には、次の〈表4〉のとおりさまざまな種類があります。虐待

は、家庭や施設の中でのできごとなので、行政等が把握することは困難なことが多いのです。しかし、放置しておくと虐待がエスカレートして重大な結果が生じることもありえますので、身体や生命に危険が及ぶ前に、不審な点がありましたら、すぐに市町村の相談窓口や地域包括支援センターへ通報してください。

　なお、養護者または高齢者の親族が当該高齢者の財産を不当に処分すること、その他当該高齢者から不当に財産上の利益を得ること（**経済的虐待**）も虐待に含まれます（〈表4〉⑤）。日用品の購入などのために通帳の管理等を親族がするケースも多いのですが、介護している方が高齢者の意思に反して自分のために利用してしまうなどして、不動産などを本人に無断で売却してしまう場合などがこれに該当します。このような状況を放置しておきますと、その高齢者の方が医療機関や

〈表4〉　**虐待の種類**（高齢者虐待防止法2条）

①	身体的虐待	高齢者の身体に外傷が生じ、または生じるおそれのある暴行を加えること（4項1号イ・5項1号イ）
②	ネグレクト	高齢者を衰弱させるような著しい減食、または長時間の放置、養護者以外の同居人による虐待行為の放置など、養護を著しく怠ること（4項1号ロ・5項1号ロ）
③	心理的虐待	高齢者に対する著しい暴言、または著しく拒絶的な対応、その他高齢者に著しい心理的外傷を与える言動を行うこと（4項1号ハ・5項1号ハ）
④	性的虐待	高齢者にわいせつな行為をすること、または高齢者にわいせつな行為をさせること（4項1号ニ・5項1号ニ）
⑤	経済的虐待	養護者または高齢者の親族が当該高齢者の財産を不当に処分すること、その他当該高齢者から不当に財産上の利益を得ること（4項2号・5項1号ホ）

施設への入所が必要な状況になったときに財産が残っておらず、必要な手続がとれないなどの状況もありえます。

高齢者の方自身の判断能力の状況によっては、後見開始の審判の申立て等裁判所の手続を行って、選任された成年後見人がご本人の財産を管理保護することも可能です。

3　ためらわずに通報すること

心理的虐待や経済的虐待などは、身体的虐待に比べて外見から判断しやすい目印がないために、通報することにためらいを感じると思います。また、虐待されている方のご家族とのお付き合いもある場合には、虐待を疑うこと自体にためらいを感じることもあるかと思います。しかし、家族想いの常識的な人であったとしても、誰にも相談できないさまざまなストレスから、ご家族間で虐待という悲劇的な状況に陥ってしまうことがあることも事実です。まずは、気になることがあれば、市町村の相談窓口、地域包括支援センターへ相談をしてみてください。立入調査等を行い、専門家が上に述べたようないろいろな種類の虐待がないかを確認します。

4　通報者の保護

最後に、このような相談を市町村にしたことにより、本人もしくはそのご家族との今後の関係がご心配になるかとも思いますが、通報を受けた市町村の職員は、その職務上知りえた事項であっても、通報をした人や届け出をした人を特定させる情報を漏らしてはいけないことになっています（高齢者虐待防止法8条）。また、要介護施設等における施設従事者等による虐待の場合には、通報があったこと自体が外部に知られないようにする義務が規定されています（高齢者虐待防止法23条）。

Q 15 施設における高齢者虐待を防止するために気を付けておくこと

私（高齢者）は施設に入居しようと思っていますが、時折、施設から虐待を受ける人がいるといった話をテレビなどで耳にすることもあり心配です。どのような点に気を付けておけばよいでしょうか。

お答えします　契約内容についてきちんと説明をしてくれる信頼できる施設であるのか、また、財産の管理がどのようにされるかを確認しておくことが大切です。

1　施設での虐待

施設での虐待についても、Q14と同様に①身体的虐待、②ネグレクト、③心理的虐待、④性的虐待、⑤経済的虐待が、虐待と定義されています。具体的な虐待としては、排泄介助の際に激しくどなられたり、つねられたり暴力を受けることもあれば、オムツ交換のときに自分で排泄ができない状況であることに対して軽蔑した言葉を投げかけられることもあります。また、ナースコールを無視されたり、怒られることを恐れて世話を頼むことができずに、つらい思いをしたりすることもありえます。施設での虐待の多くが介護職員によってなされています。

また、施設特有の問題としては、多数が共同生活を行う場であり、一定のスタッフですべての入居者等の対応をする必要があることです。そのために、ある程度効率的に施設運営をすることが必要であるため、入居者一人ひとりに目が届きにくくなってしまったり、個人の希望に沿えずその要望を無視をすることになってしまったり、忙しさのあま

りにネグレクトをしてしまうということが起こりえます。代表的なものとして身体拘束があげられます。これは、暴れてしまう高齢者に対して必要な処置をするなど、ごく限られた場においては認められることもありますが、徘徊等を行う高齢者に目が行き届かないと困るためといった理由で安易に身体拘束を行うケースも発覚しています。身体の自由は人間の尊厳にかかわる問題ですので、安易な身体拘束を行うような施設は、高齢者に対する尊厳を軽んじる傾向にあると推測されます。

2　気を付けておきたい点

あなたは施設に入居することを考えているとのことですが、まずは信頼できる施設に入居することが大事です。

施設に入居するときは、利用者と施設が入居（入所）契約を締結することになりますので、重要事項説明書などに記載されている内容について、しっかりと説明を受けたうえで、納得するサービスであるかどうかを確認しましょう。施設の概要や人員の配置状況、提携先の医療機関、施設に対して苦情を申し立てるときの手続、財産の管理方法等入所時に必要と思われる事項について、契約前に確認をしておくことが重要です。特に、財産の管理方法については、施設での生活においても、介護保険の保険料のような定期的なものだけでなく、予想外の出費が必要となることもありますので、重要なポイントです。予想外の出費について、信頼できる家族や親族が近くにいない場合は、あなたと、あなたが入居する施設との間において、支出をどのようにするかあらかじめ確認しておくとよいと思われます。契約前に疑問に思うことを確認することは、利用者として当たり前のことですので、事前に納得できるまで確認をし、それに対してしっかりと回答をしてくれる施設を選ぶことが重要です。

また、施設に入居するとしても、あなた自身の判断能力等が欠如したときに財産を適切に管理するため、弁護士等へ財産管理を依頼したり、「任意後見契約」を結んでおいたり、あるいは、「あんしんさぽーと事業」(**日常生活自立支援事業**等、全国の社会福祉協議会が行っている事業（Q20））などの財産管理の制度を利用することも考えておくとよいかもしれません。

6　生命保険

Q 16　公的介護保険と保険会社の介護保険

40歳以上で加入する公的介護保険と保険会社の介護保険はどう違うのですか。公的介護保険だけでは不十分ですか。

お答えします

公的介護保険は65歳未満の方の場合、脳血管疾患や末期がんなど特定の16種類の疾病が原因のときしか給付を受けることができません。その結果として65歳未満で介護が必要であるにもかかわらず給付を受けられないケースも少なくありません。要介護状態になったときのご家族の精神的、経済的負担は想像以上です。介護のために辞職される方も年々増えています。そのようなときの備えとして、**介護一時金**や**介護年金**の給付が疾病の種類に関係なく受けられる保険会社の**介護保険**があれば安心です。死亡保障が付いた終身タイプの保険もあります。

たとえば55歳男性が何らかの事故で車椅子の生活になった場合、公的介護保険からの給付は受けられませんが保険会社の介護保険であれば給付を受けることができる場合があります。

また、定年世代は親にも介護が必要なケースも多く、親と自分、配偶者の介護費用を想定しておく必要があります。介護は、いつそうなるか想定できない、そしてその状態がいつまで続くかわからないという怖さがあります。そのような状況に備えて、保険会社の介護保険がより安心な老後の準備に役立ちます。

☆上記は平成24年8月時点の制度に基づく記載です。
　詳しくは厚生労働省のホームページ等でご確認ください。

Q 17　医療保険の選択

無事定年まで勤めあげ、これからが第二の人生と夫婦で楽しみにしていますが、病気になったときのことを考えると心配です。家族に迷惑をかけないよう今からできることはありますか。

お答えします　ご自身にあった**医療保険**の加入をおすすめします。

　従来の医療保険は働き盛りで子どもに学費がかかる時期に重点を置いた考え方が主流でした。しかし、実際大きな病気にかかったり、治療が長期化する可能性は年齢とともに上昇する傾向にあります。定年後、一定収入がなくなった状況での医療費（とくに入院、手術を伴うもの）の負担は大きく、退職後は生活費のほかに医療費や介護にかかる費用を想定した人生設計が必要となります。また**先進医療**（※）なども含めた十分な治療を受け、余生を満足に送るためにもご自身に合った医療保険の加入をおすすめします。

　一般的な医療保険は、入院・手術後の請求となりますが、生命保険の中には「**生前給付**」を受けられる保険もあり、その保険の場合には三大疾病や高度障害になったときにまとめて給付を受けることができます。高額医療費の一部は健康保険への申請で還付されますが、支払いには1カ月ほどかかるので一時的に自己負担することになります。このように治療費、入院費などがまとまってかかるときなどにも、生前給付の保険に入っていると安心です。今は、このように亡くなってから受け取る生命保険以外に、十分に治療を受けるための生命保険が必要とされています。

（※）　先進医療とは、健康保険法等に基づく評価療養のうち、治療や手術を受けた日において、厚生労働大臣が定める先進医療（先進医療ごと

に厚生労働大臣が定める施設基準に適合する医療施設にて行われるものに限ります）をいいます。

　具体的な先進医療技術やその適応症（対象となる病気・ケガ・それらの症状）および実施している医療機関については変更されることがあります。詳しくは厚生労働省のホームページをご確認ください。

〔図5〕　主な死因別死亡数の割合（平成23年）

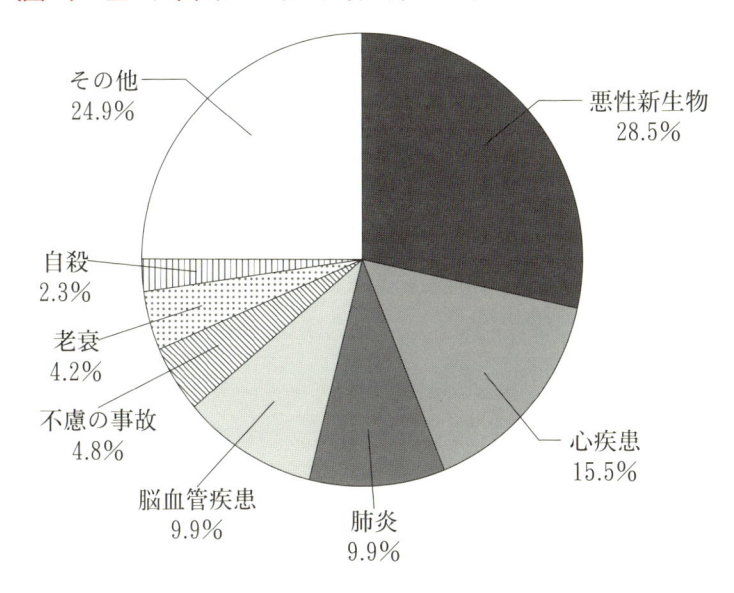

- その他　24.9%
- 悪性新生物　28.5%
- 自殺　2.3%
- 老衰　4.2%
- 不慮の事故　4.8%
- 脳血管疾患　9.9%
- 肺炎　9.9%
- 心疾患　15.5%

出典：厚生労働省・平成23年人口動態統計月報年計（概数）の概況

Q 18 死亡保険金と相続税

死亡保険金を家族が受け取る際、相続税の対象になるのでしょうか。

お答えします　死亡保険金には基本的には相続税が課税されますが、受け取った家族が相続人であったときには、一定の非課税枠があります。

1　死亡保険金にかかる税金

契約者と被保険者が同一人の保険契約で**死亡保険金**が支払われた場合、その保険金は相続税の課税対象となります。ただし、保険金受取人が相続人の場合は、各相続人に支払われた保険金の合計金額のうち、〈500万円×法定相続人の数〉までの金額が非課税となります（税制改正で変更される可能性があります）。

なお、契約者と被保険者が同一で、相続人以外の人が受け取る死亡保険金は課税対象となりますが、相続人以外の人は非課税部分はありません。したがって、死亡保険金の受取人を決める際には十分注意することが必要です。

2　高度障害保険金等、その他の保険金・給付金にかかる税金

高度障害保険金（給付金）、**障害給付金**、入院給付金などは、その支払いを受けた者が、身体に傷害を受けた者（被保険者）またはその配偶者や直系血族あるいは生計を一にするその他の親族であるときは、全額非課税となります。これは、こうした保険金や給付金が、ケガをしたり長期に入院した場合の経済的保障に役立っているからです。

☆上記は平成24年8月時点の制度に基づく記載です。

詳しくはお近くの税務署にお問い合わせください。

こらむ

現金・預貯金を保険資産に変えておくメリット

　たとえば、「積立利率変動型終身保険」は、一生涯の死亡保障が継続する中で、インフレにも対応できる長期的な貯蓄性のある生命保険です。

　このような生命保険に加入して、ご自身の退職金や今までの預貯金を保険資産に変えておくと、長期的な貯蓄性のある生命保険のため、所定の要件を満たした契約に特約を付加することにより、保障の全部または一部を年金受取りにすることも可能であるうえに、万が一死亡した場合にはＱ18の本文で説明した相続税の非課税枠も利用することができ、結果的に、相続税対策となる可能性もあります。

　また、契約者および被保険者をあなたの子どもとする「積立利率変動型終身保険」に加入して、贈与税の基礎控除の枠内（Ｑ50参照）であなたが保険料を負担することによって、贈与税を負担することなく、子どもに実質的に財産（保険資産）を贈与することができるようになります。

　このような方法も財産を承継するための有益な方法の一つであるといえます。

第 2 章

財産の管理が難しいと感じたら

1 財産管理の方法

Q 19 財産管理の方法

現在また将来の自分の財産管理に不安があります。信頼のおける人に財産管理を任せる方法として、どのような制度があるでしょうか。

お答えします　　財産管理を任せる方法としては、本人の判断能力に応じて、成年後見制度、日常生活自立支援事業、財産管理契約、任意後見契約などがあります（なお、この本では、民法に定められている成年後見、保佐、補助の各制度のことをまとめて「成年後見制度」といいます）。

　高齢になると、記憶力や判断力が低下することは避けられません。特に認知症になった場合には、合理的な判断が困難になり、症状が進むと財産の意味さえわからなくなります。認知症が軽度であったり認知症となっていない場合であっても、記憶力や判断力の低下によって、保有している金融商品や不動産などの財産の管理や日常生活の上で必要な支払い等が困難となることもあります。

　特に近年、高齢者が財産をだまし取られる事件が多発しており、超高齢社会の進展に伴ってこのような被害は拡大していくものと予想されます。

　また、本人は大丈夫だと思っていても、その子どもや親戚等の身近な人からすると本人の財産管理に不安を覚える場合があり、身近な人が本人の財産を適切に管理する方法はないものかと頭を悩ませていることもあろうかと思います。

このような場合に備えて、信頼のおける人に財産の管理を任せる方法としてどのようなものがあるのでしょうか。他人に財産管理を任せる方法は〈表５〉のとおり複数あります。

〈表５〉 本人の判断能力の程度と財産管理の方法

	本人の判断能力の程度	財産管理の方法
①	本人の判断能力がない (民法上「精神上の障害により事理を弁識する能力を欠く常況にある」といいます)	成年後見
②	本人の判断能力が弱っている (民法上「事理を弁識する能力が著しく不十分」または「事理を弁識する能力が不十分」といいます)	保佐・補助 任意後見 日常生活自立支援事業
③	本人の判断能力が比較的しっかりしている (契約の内容を理解することができる)	財産管理 任意後見 日常生活自立支援事業

〈表５〉のうち、成年後見制度（成年後見・保佐・補助）を利用するためには、家庭裁判所に申立てを行うことになります。本人が事理を弁識する能力を欠く常況にある場合には成年後見を、事理を弁識する能力が著しく不十分な場合には保佐を、事理を弁識する能力が不十分な場合には補助をそれぞれ利用することができます（詳しくは、Ｑ30以下参照）。

他方、財産管理契約と任意後見を利用する場合には、家庭裁判所への申立ては必要なく、信頼できる者との間で契約を締結することによって制度を利用することになります（詳しくは、Ｑ21以下参照）。

また、日常生活自立支援事業は、都道府県や指定都市社会福祉協議会（窓口業務等は市町村の社会福祉協議会等で実施）が実施している

事業です。判断能力が不十分で、かつ、同事業の契約の内容について判断し得る能力を有していると認められる方を対象に、福祉サービスの利用手続や金銭管理の援助等を行っています（詳しくは、Q20参照）。

　財産管理契約と任意後見は、本人が信頼できる受任者との間で契約を締結して財産管理を任せるものですので、本人が契約の内容を理解できるだけの判断能力を有している必要があります。

　これに対し、成年後見制度は、本人に判断能力がない場合に用いられる制度ですので、一般には本人が自ら申立てを行うことは難しいと思われるため、家族や親族に申立てを行っていただく場合が多いでしょう。

　次のQ以下では、財産所有者である本人の判断能力の状況に応じてその方法をご紹介します。

2 判断力がある方のための制度

Q 20 日常生活自立支援事業

財産管理の方法として、日常生活自立支援事業を利用する方法があると聞いたのですが、どのようなものでしょうか。

お答えします　**日常生活自立支援事業**は、都道府県や指定都市社会福祉協議会（窓口業務等は市町村の社会福祉協議会等で実施）が実施している事業です。

日常生活自立支援事業では、主に〈表6〉のような支援をしてくれます。

〈表6〉　日常生活自立支援事業の内容

① 福祉サービスの相談等
・さまざまな福祉サービスの利用に関する情報の提供や相談、福祉サービスの利用における申込みや契約の代行・代理等を行ってくれます。
② 書類作成の補助
・役所へ提出する書類の書き方を教えてくれます。
③ お金の支払い・管理
・家賃・水道代の支払い方や金銭管理の方法等を教えてくれます。 ・家に置いておくと心配な通帳や印鑑等を預かってくれます。 ・預金からの現金の入出金を行ってくれます。

1 どのような人が利用できるのか

　同事業の対象者は、判断能力が不十分（認知症高齢者、知的障害者、精神障害者等であって、日常生活を営むのに必要なサービスを利用するための情報の入手、理解、判断、意思表示を適切に行うことが困難な方）で、かつ、同事業の契約の内容について判断し得る能力を有していると認められる方です。施設に入所したり、病院に入院したりしている場合でも同事業のサービスを利用することができます。

2 利用するための手続

　最寄りの社会福祉協議会にご相談いただくことが必要となります。本人から直接相談する以外にも、家族、行政の窓口、地域包括支援センター、民生委員等を通じて問い合わせすることも可能です。

　社会福祉協議会にご相談いただくと、最初に専門員が困りごとや悩みごとについて相談を受け付けます。専門員は、本人から話をうかがったうえで、本人の希望に基づき適切な支援計画および契約書を作成します。本人が支援計画に基づく契約内容に納得されれば、本人と社会福祉協議会とが利用契約を締結します。

　サービスが開始されると、生活支援員が支援計画に沿って本人宅を定期的に訪問し、福祉サービスの利用手続や預金の入出金のサポート等を行います。

　以上のとおり、日常生活自立支援事業を利用することにより財産管理を依頼することができますが、お住まいの地域によっては、窓口となる社会福祉協議会等の受け入れ態勢を超える希望者がいるなどの理由により順番待ち等が発生して、利用契約の締結までに時間がかかることがあるようです。そのため、早急に財産管理を依頼したいという場合には、日常生活自立支援事業ではなく、次のQ21で説明する財産管理または任意後見を利用するのがよいでしょう。

Q 21　財産管理契約

財産管理に不安を感じているため、今すぐにでも弁護士等の専門家に財産管理を任せたいと思っています。どのような方法がありますか。

お答えします　弁護士等の専門家に財産管理を任せる方法としては、**財産管理契約**があります。受任者は、財産管理契約に定められた範囲において、本人の財産管理を行います。

本人が、病気などで身体の自由がきかなくなり、自らの手で日常の生活に必要な金銭の管理等が困難な場合等に、受任者を介して財産を適切に管理するための制度です。

1　依頼することができる事項

財産管理契約の内容は自由に定めることができますので、本人の生活実態と財産管理能力に応じて、受任者に任せる範囲を柔軟に定めることができます。また、具体的な財産の管理を定めず、何か困ったときに弁護士にいつでも相談できるという**ホームロイヤー契約**を締結することも考えられます。

財産管理として委任する事項としては、一般に次のようなものが考えられます（〈表7〉）。

そのほか、本人の死後の葬儀、相続人への財産の引継ぎ等の事務処理を依頼することもできます（Q26参照）。

2　かかる費用は

弁護士等によるサービスは、専門家による職業としてのサービスになりますので、一定額の手数料の負担が発生しますが、詳しくはQ28

を参照してください。

3　財産管理契約を利用する場合の注意点

　財産管理契約は、当事者同士が任意に結ぶ契約で、決まった形式もありませんし、登記されることもありませんので、受任者が本人の財産管理人であることを公的に証明する方法がありません。ですから、財産管理契約で定められた事務を行うにあたって、別途本人の委任状を要求されたり、場合によっては財産管理人による手続を認められないことがあるという点に注意が必要です。

〈表7〉　財産管理として委任する事項

①　家賃、公共料金、保険料、税金、その他日常生活において必要な支払いをすること
②　預貯金の通帳、印鑑、保険証券、不動産の権利証、遺言書などの重要書類の保管
③　年金や賃料などの収入の管理

Q22 任意後見制度

将来、財産管理が困難となった場合に備えておく方法として、任意後見制度があると聞きましたが、どのような制度ですか。

お答えします

1　任意後見制度とは

任意後見制度は、自分の判断能力が低下した場合に備えて、あらかじめ、自分に代わって財産を管理してもらったり、必要な契約締結等を代理してもらうこと等を任意後見人に依頼し、任意後見人は、精神上の障害により本人が事理を弁識する能力が不十分な状況になった場合に、家庭裁判所が選任した任意後見監督人の監督を受けながら、任意後見契約で定められた事務を遂行する制度です。

2　どのような事項を委任できるのか

任意後見契約では、任意後見人に対して委任できる事項を契約で自由に定めることができます。具体例としては、預貯金の出し入れ、医療費等の支払い、介護サービスや施設入所の契約、賃貸借契約の締結、不動産等重要な財産の処分等を委任することが考えられます。

3　誰を任意後見人とすることができるのか

任意後見人には、親族に限らず、弁護士、司法書士、社会福祉士、税理士などの専門家やNPO法人等の法人になってもらうことも可能ですが、特に財産管理を気にされているような場合には、各種の法律事務が発生することが予想されますので、法律の専門家に依頼することをおすすめします。

4　手続

受任者および委任事項が決まりましたら、任意後見契約の契約書を

作成することになりますが、この契約書は公正証書によって作成しなければなりません。したがって、公証人と本人が面接したうえで作成することになります。公正証書が作成されると、公証人から登記所への嘱託によって、任意後見契約の登記が行われます。

任意後見契約が登記された後、精神上の障害により本人の事理弁識能力が不十分な状況になったときは、本人、配偶者、四親等内の親族または任意後見受任者の申立てにより、家庭裁判所が任意後見監督人を選任します（例外的に、本人が未成年者であるとき、本人が成年被後見人、被保佐人または被補助人である場合において後見、保佐または補助を継続することが本人の利益のため特に必要であると認めるとき等については、選任されません）。

家庭裁判所は、任意後見人の事務処理が適正に行われるように、自ら選任・監督する任意後見監督人を通じて間接的に任意後見人を監督し、場合によっては任意後見監督人、本人または親族の請求により、任意後見人を解任することもあります。

5　任意後見契約の利用形態

任意後見契約の利用形態は、〈表8〉で示すとおりです。

これらのうち本人にとってどの類型が適切であるかは、ケース・バイ・ケースといわざるを得ませんので、個別に弁護士等の専門家に相談していただくことになります。

〈表 8〉 任意後見契約の類型

①	将来型	現在は判断能力を有しているが、将来、事理弁識能力が不十分な状況になった場合に備えて任意後見契約を締結するものです。本人の事理弁識能力が不十分な状況になった時点から契約の効力を発効させることになります。
②	即効型	精神上の障害により本人の事理弁識能力が不十分な状況にあるとして、受任者が契約締結後速やかに任意後見監督人選任申立てを行うものです。任意後見契約の締結直後に契約の効力を発効させることになります。
③	移行型	任意後見契約を締結するのと同時に財産管理契約を締結しておき、受任者に財産管理を任せつつ、将来、事理を弁識する能力が不十分な状況になった場合には受任者が任意後見監督人選任申立てを行い、財産管理契約から任意後見制度へと移行するものです。

Q 23 任意後見契約と財産管理契約

任意後見契約と財産管理契約の共通点と違いは何ですか。

お答えします

1 任意後見と財産管理の共通点

任意後見契約と**財産管理契約**は、本人が判断能力を有している間に財産の管理を受任者に依頼する契約を締結する点で類似します。また、任意後見契約と財産管理契約は、いずれも任意に財産の管理を任せる契約ですので、受任者はあくまでも契約に基づく代理行為ができるだけであり、取消権は有していません。そのため、本人が悪徳商法等の不適切な契約を締結してしまったとしても、財産管理契約の受任者あるいは任意後見人であるというだけでは当然に当該契約を取り消すことはできません。

2 任意後見と財産管理の相違点

他方、任意後見契約と財産管理契約には次のような違いがあります。
① 任意後見契約は公正証書で契約を締結する必要がありますが、財産管理契約ではそのような決まりはありません。
② 財産管理契約では、自由に財産管理の開始時期を決めることができ、一般には契約締結と同時に受任者による財産管理が開始されるのに対し、任意後見契約では、本人の判断能力（事理弁識能力）が不十分となった場合に、申立てによって家庭裁判所から任意後見監督人が選任されて初めて受任者による財産管理が始まります。
③ 任意後見契約では、家庭裁判所が選任する任意後見監督人が受任者である任意後見人の事務を監督しますので、そのような監督がない財産管理契約による財産管理よりも本人にとって安心だと

いえます。

④　任意後見契約では、任意後見監督人が選任された後は、家庭裁判所が正当な理由があると認めない限り契約を解約することはできませんが、財産管理契約では、契約に基づき本人または受任者が契約を解除することが可能です。

　もっとも、任意後見契約では、本人の判断能力が不十分になった場合に、家庭裁判所から任意後見監督人が選任されて初めて、受任者が任意後見人として財産管理を開始することになるため、本人の判断能力が急速に低下することによって、任意後見監督人が選任されるまでの間に本人が財産を喪失する行為をしてしまったり、悪徳商法の被害にあってしまうおそれがあります。そこで、任意後見契約を利用する場合には、任意後見契約を締結するとともに、受任者との間で財産管理契約を結んでおき、本人の判断能力が低下する前から受任者に財産管理を任せたり、ホームロイヤー契約（困ったときにいつでも弁護士に相談できるような契約）を締結しておき、受任者によって定期的に本人の状態を確認してもらうようにしておくこと、つまり、任意後見契約が発効するまでの前段階として財産管理契約を利用することが望ましいといえます（Q22で紹介した任意後見契約の類型（〈表8〉）のうち③移行型）。

Q 24 任意後見契約の変更

任意後見契約締結後、契約内容を変更したり解除したりすることはできますか。

お答えします　任意後見契約は将来に備える契約ですから、契約の効力が発生する前に、お願いしておく事項を増やしたいと思うことがあるかもしれません。反対にお願いしておく事項を減らしたいと思うことがあるかもしれません。また、そもそもお願いする人が信用できなくなったなどの理由で契約そのものをやめたいと思うこともないとも限りません。そのような場合には、一度締結した任意後見契約の内容を変更したり、契約を解除したりすることが原則としてできます。

1　任意後見契約の内容の変更

任意後見契約を締結する意味は、誰にどのようなことをお願いするのかを自由に決められることにありますが、本人の考えを尊重することにあることからすれば、契約締結後も自由に内容を変更したり、契約自体を解約したりすることもできそうです。しかし、任意後見契約が公正証書によって作成される必要があること、任意後見契約締結後本人の判断能力が低下したときには任意後見監督人が選任されることから次のような制約があります。

①　依頼する内容を増やしたい場合

　　増やしたい事項について新たに任意後見契約を締結し公正証書を作成することになります。以前に締結してある任意後見契約もそのまま残りますので、任意後見監督人選任の申立てを行う際には双方について申し立てを行う必要があります。

②　依頼する内容を減らしたい場合

　　任意後見契約の一部解除はできないと考えられていますので、すでに締結している任意後見契約を一度解除して（解除について、2を参照してください）、新しく任意後見契約を締結し公正証書を作成することになります。

2　任意後見契約の解除

最後に、任意後見契約の解除について説明します。

①　任意後見監督人選任前

　　任意後見契約の当事者（お願いする人：委任者、お願いされる人：受任者）の合意によってまたはどちらか一方から、いつでも理由を問わず解除することができます。ただ、委任者と受任者の合意によって解除する場合も含めて、当事者が真意に基づいて解除するのだということを確認するために、公証人の認証を受けた書面で行うこととされています（任意後見契約法9条1項）。

②　任意後見監督人選任後

　　任意後見監督人が選任され契約の効力が発生した後は、「正当な理由がある場合に限り、家庭裁判所の許可を得て」解除できるとされています。これには、任意後見監督人選任の申立てがなされ、任意後見監督人が選任されているということは本人の判断能力が一定程度低下していると考えられますので、本人にとって不利益にならないように裁判所がチェックするという意味があります。

Q 25　任意後見契約から成年後見制度への切替え

任意後見契約から成年後見制度に切り替えることはできますか。

お答えします　任意後見契約を締結している場合でも、成年後見制度を利用できる場合があります。

1　任意後見契約から成年後見制度に切り替える必要性

成年後見制度は、本人の判断能力が十分でなく、預貯金などの財産の管理をしたり、介護や医療の契約を結んだりすることが困難な場合に、家庭裁判所が適当な成年後見人等（成年後見人・保佐人・補助人）を選んでくれる制度です。誰が成年後見人等になるのか（成年後見人等がふさわしい能力を備えているか）は家庭裁判所が決めますし、成年後見人等の事務の内容も法律や裁判所の審判によって決められています。

任意後見契約では、誰に任意後見人になってもらうか、何を任意後見人にお願いするかは、委任者（本人）が自由に決められます。任意後見契約は任意後見人に代理権を与える契約ですが、これによって本人の権限は制限されません。任意後見契約が効力を生じた後であっても、本人は任意後見人や裁判所などの許可がなくても自由に契約を結んだり、預金を引き出したりすることができます。本人に十分な判断能力がなく、本人にとって不要、不利益な契約を締結してしまった場合でも、任意後見契約が効力を生じていることを理由にこれらの行為を取り消すことはできないのです。

ですから、任意後見契約を締結していたとしても、実際に本人の判断能力が低下したときに、不要な契約を締結してしまうことが多いなどの事情によって、本人の行為を制限したり、取消権を確保する必要

があると判断される場合には、任意後見契約でカバーすることは困難となり、成年後見制度の利用を検討せざるをえないということになります。また、任意後見人が誠実に職務を遂行しないため任意後見事務が適切に行われないということもあります。このような場合に、すでに本人の判断能力が低下していれば新たに任意後見契約を結ぶことはできませんので、本人を保護し支援するためには成年後見制度の利用を考える必要があります。

2　任意後見契約と成年後見制度はどちらが優先するか

では、任意後見契約が成立している場合に、成年後見制度を利用することはできるのでしょうか。できる場合には、先に締結していた任意後見契約はどうなってしまうのでしょうか。

これについては、本人の意思を尊重するという観点から、任意後見契約が締結され登記されている場合には、原則として任意後見契約が優先されます。しかし、任意後見契約が締結されている場合に後見開始の審判等が申し立てられた場合には、家庭裁判所は、「本人の利益のため特に必要があると認められるときに限り、後見開始の審判等をすることができる」とされています。そして、本人が後見開始の審判等（後見開始・保佐開始・補助開始の各審判）を受けたときには、任意後見人と成年後見人等の権限が抵触、重複することを避けるために、任意後見契約は終了することになっています。

以上のように、任意後見契約が締結されている場合でも、本人の利益のため特に必要があると認められる場合には、成年後見制度を利用することができます。

Q 26 死後の事務の委任

財産管理契約や任意後見契約を利用する場合、死後の事務についても依頼できますか。

お答えします 財産管理契約や任意後見契約を利用すれば、死後の事務についても依頼することができます。

1 死後事務委任の必要性

「人」が亡くなると、その人自身はこの世からいなくなってしまいますが、あとにさまざまな事務が残ります。たとえば、福祉施設に入所していたり病院に入院していた場合には、入所費用や入院費を支払う必要があります。生前は本人がきちんと支払っていたとしても、亡くなる日までの費用を支払って亡くなるということはほぼあり得ませんから、亡くなった後に清算する必要があります。また、どこで生活していたとしても、亡くなった際のお葬式や納骨、永代供養をどうするのかといった問題は残ってしまいます。お子さんや親族の方がいらっしゃれば、これらのことは亡くなった本人の意思を受けてまたは親族内で話し合って適切に行われていることだと思います。しかし、まったく身寄りがない方や、親族はいるのだけれど遠方に住んでいて最近は疎遠であるということも近年では少なくありません。

では、このような場合には、どのような対処の仕方があるのでしょうか。財産管理契約や任意後見契約を締結していれば、このような場合に対応してもらえるのでしょうか。

2 財産管理契約を利用する場合

財産管理契約は、成年後見制度や任意後見契約と違って裁判所や公

証人といった第三者がかかわったり、登記されたりすることもありませんし、契約内容に特に制限はありません。ですから、本人が亡くなった後の医療費や家賃等の支払いを頼んでおくことはもちろんできますし、本人が亡くなった際のお葬式や納骨、永代供養等についても、どのくらいの予算でどのように行ってほしいといった希望があれば、財産管理契約の中で頼んでおくことで、本人の希望どおりに行ってもらうことができます。

3　任意後見制度を利用する場合

一方、任意後見契約は、任意後見契約に関する法律という法律で、本人が任意後見人に対してお願いできる事務の内容は「自己の生活、療養看護及び財産の管理に関する事務の全部又は一部」と決められていますので、死後の事務はこの中に含まれません。つまり、任意後見契約の内容として医療費等の支払いやお葬式、納骨、永代供養といった本人が亡くなった後の事務を定めておくことはできないと考えられています。

ですから、死後の事務について依頼したいと考える場合には、任意後見契約とは別に任意の委任契約を締結し、死後の事務の処理をお願いしておく必要があります。この場合、死後の事務の委任契約についても、任意後見契約と同じように公正証書にしておいてもよいですが、死後事務の委任契約については様式を問われませんので、当事者間で契約書を作成しお互いに署名押印しておくというのでも問題ありません。なお、実際には、任意後見契約の中で死後の事務処理についてもお願いしておくという形態がとられることもありますが、あくまでも別の契約と考えられますので、任意後見契約の公正証書を作成する際の公正証書作成費用としては2通分の手数料を支払うことになります。

Q 27　任意後見契約と遺言

任意後見契約を利用する場合、別途遺言書を作成する必要がありますか。

お答えします　任意後見契約を締結していても、任意後見人に死後の遺産の処分までは行ってもらうことはできませんので、遺産の処分について希望がある場合には、別途**遺言書**を作成する必要があります。

1　死後に残る財産（遺産）の処分

　自分が亡くなった後に残る財産（遺産）について、相続人の中で法律に従って分けるのではなく、特定の財産については自分が引き継いでもらいたいと思う人に譲りたいと考えることがあると思います。そのために、誰にどのような財産を承継させるかについて本人の意思を遺すために作成しておくのが遺言書です。任意後見契約は生存中の自己の生活や財産について、遺言書は死後の財産の処分について、本人の意思を尊重する制度である点で共通しています。

2　任意後見契約と遺言

　任意後見契約を締結している場合には、その中で死後の財産の処分について規定しておけば、別途遺言書を作成する必要はないのではないかと思われるかもしれませんが、死後の財産の処分は、そもそも任意後見契約上の事務の委任には該当しませんので、任意後見契約の中でこれについて定めることはできません。したがって、自分の死後に残った財産について、自分の希望するとおりに処分してもらいたいと考える場合には、別途遺言書を作成して自身の希望を遺しておく必要

があります。

3　生前の財産管理から死後の財産管理・処分へ

　ここで、すでに信頼できる人と任意後見契約を結んでおり、死後の財産の処分についても自分の財産の状況をよく知っていて信頼している任意後見人（任意後見受任者）にお願いしたいと考えることも自然なことです。このような場合には、死後の財産の処分について別途遺言書を作成し、その中で任意後見人（任意後見受任者）を遺言執行者にしておくことで、本人の生存中には任意後見人として本人を代理して財産の管理等を行ってもらい、本人が亡くなった後には遺言執行者として死後の財産の処分を行ってもらうことができます。さらに、任意後見人（任意後見受任者）との間でＱ26で説明した死後の事務の委任契約を締結していれば、信頼できる同一人に任意後見事務、死後の事務、死後の財産処分（遺言執行）のすべてを行ってもらうことも可能です。

Q 28　財産管理・任意後見の報酬

弁護士と財産管理契約や任意後見契約を締結した場合、どの程度の報酬を支払う必要がありますか。

お答えします　財産管理契約や任意後見契約は、当事者が自由に内容を決めることができる契約ですので、報酬についても決まりはなく一概には言えません。一般には、本人の資産の状況や収入の額、事務の内容等を考慮して決定されます。

1　財産管理契約、任意後見契約の報酬

財産管理契約も任意後見契約も、本人と財産管理人（受任者）や任意後見人（受任者）が内容を自由に決めることができます。ですから、報酬についても当事者間で自由に決めることができます。この場合、一般的には、毎月支払われることになる報酬と、不動産の処分など特別の事務に対して支払われる報酬の2種類があります。ここでは、主に前者の定額報酬について説明します。

2　弁護士に依頼する場合

世の中では、弁護士と財産管理契約や任意後見契約を結ぶと「報酬が高い」というイメージをもたれているかと思いますが、そんなことはありません。報酬についての決まりはありませんから、どの程度の報酬を支払う必要があるかについて明確な基準はありませんが、標準的なケースでは、月額2万円から5万円の範囲で設定されていることが多いと思います。しかし、これについては契約内容、委任する事務の内容によって変わってきます。たとえば、本人は特別養護老人ホームに入所しており、財産は自宅と預貯金だけであるといったケースで

は、任意後見人が行う事務はあまり多くなりません。そうすると、任意後見人の事務に見合った報酬ということからすると、任意後見人の報酬も低額に設定することができます。逆に、本人はできる限り在宅での生活を希望しており、そのために1カ月に数回の面会を希望したり、生活費を届けたり日用品の手配をする必要がある場合には、それに見合う報酬ということとなり報酬も高く設定されることになります。

　いずれにしても、任意後見人に報酬を支払うことが負担となり、本人に必要な費用が支払えなくなってしまえば本末転倒ですので、報酬に関しては、本人の資産の状況や年金等の収入の額、事務の内容と予想される契約期間等を考慮して、本人と相談のうえ、本人に無理のない範囲で決めることになります。

3　任意後見監督人に対する報酬

　また、任意後見契約を利用する場合、本人の判断能力が低下してきた場合に任意後見監督人選任の申立てを行い、家庭裁判所において任意後見監督人が選任されます。そして、この裁判所によって選任される任意後見監督人に対しても、本人の財産から報酬を支払う必要があります。任意後見監督人に対する報酬については、任意後見契約の中で額や支払時期等を定められておらず、任意後見監督人が家庭裁判所に報酬付与の申立てを行い、裁判所が報酬額を決定します。そして、裁判所が決定した額について本人の財産の中から、任意後見監督人に報酬として支払うことになります。

Q 29 財産管理契約・任意後見契約の終了

財産管理契約や任意後見契約はどのような場合に終了しますか。

お答えします　財産管理契約や任意後見契約の終了事由としては、①解除、②契約当事者の死亡、③任意後見人の解任、④法定後見（成年後見・保佐・補助）の開始、⑤任意後見監督人選任による財産管理契約の終了などがあります。

1　契約の解除

　財産管理契約も任意後見契約も、本人が財産管理人や任意後見人に対し、財産管理等の事務に関する代理権を与える契約、法律的には委任契約と呼ばれる契約です。ですから、委任契約の一般原則に従って、各契約当事者はいつでも解除することができ、契約が解除されると委任契約は終了します。ただし、任意後見契約については、解除するにあたって当事者が真意に基づいて解除するのだということを確認するために、公証人の認証を受けた書面で行う必要があります。任意後見監督人選任後に解除する場合には、正当な理由がある場合であって家庭裁判所の許可を得る必要があることなどはＱ24で説明されているとおりです。

2　契約当事者の死亡等

　財産管理契約や任意後見契約は委任契約の一類型ですので、一般原則に従って、本人または財産管理人、任意後見人（任意後見受任者）が死亡したり、破産手続開始決定を受けたり、財産管理人や任意後見人が後見開始の審判を受けた場合には、契約は終了します。なお、Ｑ26で説明している死後の委任契約については、財産管理契約や任意後

見契約と同様委任契約ですが、同契約を締結する当事者の意思として委任者の死亡により委任契約が終了しない旨の合意があるものと考え、委任者の死亡によって契約が終了することはありません。

3　任意後見人の解任

任意後見契約については、法律で「任意後見人に不正な行為、著しい不行跡その他その任務に適しない事由があるときは、家庭裁判所は、任意後見監督人、本人、その親族又は検察官の請求により、任意後見人を解任することができる」と定められています。そして、任意後見人が解任されると、任意後見契約が終了し任意後見人がいない状況になりますが、家庭裁判所が新たに職務代行者等を選任することはありません。ですから、本人に支援の必要がある場合には、成年後見制度の利用等を検討する必要があります。

4　成年後見・保佐・補助の開始

任意後見監督人が選任された後に、後見開始の審判が行われた場合には、任意後見人と成年後見人との権限の重複等を避けるために、任意後見契約は終了するとされています。任意後見契約と成年後見制度の関係については、Q25を参照してください。

なお、財産管理契約については、法律上本人に後見開始の審判がなされたことは委任契約の終了事由になっていません。しかし、契約で本人が後見開始の審判等（後見開始、保佐開始、補助開始の各審判）を受けたことを契約の終了事由に定めていることが多く、この場合には、本人が後見開始の審判等を受けたことによって財産管理契約は終了します。

5　任意後見監督人選任による財産管理契約の終了

　Q23で説明したように、財産管理契約は任意後見契約の前段階として利用されることがあります。この場合、法律でそう定められているわけではありませんが、財産管理人としての権限と任意後見人としての権限が併存して事務が複雑になることを避けるために、財産管理契約において、任意後見監督人が選任された場合には財産管理契約は終了するという内容の条項を盛り込むことが多く行われています。この場合には、別途締結された任意後見契約に基づいて任意後見監督人が選任されることによって、財産管理契約は終了することになります。

3　成年後見制度

Q 30　成年後見制度

私には知的障害の未成年の子どもがいます。将来、私が面倒をみることができなくなった場合に備えておきたいのですが、どうすればいいでしょうか。

成年後見制度という制度があると聞きましたが、どういうものでしょうか。

お答えします　お子さんの判断能力の程度によって、成年後見、保佐、補助を利用することができます。

1　成年後見制度とは

成年後見制度とは、認知症・知的障害・精神障害等により判断能力が十分でない方の法律行為を代理し、援助する制度です。法律行為とは、病院への入院や福祉サービスを利用する際の契約などをいいます。

判断能力が低下してくると、不動産や預貯金等の財産の管理や、介護施設の入所契約等を自分ですることが難しい場合があります。また、悪徳業者による消費者被害にあう危険もあります。そのため、判断能力が不十分な方を支援し判断能力を補うとともに、消費者被害を防ぐために、このような制度が設けられました。

成年後見制度は判断能力が不十分な方を支援する制度ですから、そのような状況にあれば、高齢者だけでなく、知的障害等によって判断能力が低下した方であっても、未成年者であっても利用することができます。成年後見制度は、判断能力が低下した後から利用することが

可能です。そして、本人の判断能力の程度に応じて、成年後見、保佐、補助のいずれかを選択することになっています。成年後見の場合は、本人（成年被後見人）に成年後見人と呼ばれる支援者が、保佐の場合は本人（被保佐人）に保佐人が、補助の場合は本人（被補助人）に補助人がつきます。

2　成年後見制度を利用する時期

ご質問のように知的障害の未成年の子どもがいる場合、今はあなたが親権者ですから、法定代理人として子どもの代わりに契約を締結することができますが、その子が成年（満20歳）に達すると親権が消滅します。このような場合に備えて、後見開始の審判を受け、弁護士等の成年後見人を選任しておくとよいでしょう（父母が成年後見人になることもできます）。

子どもが20歳の誕生日になってからすぐに後見開始審判の申立てをしても、家庭裁判所の審判が出るまでには時間がかかるため、数カ月間の空白が生じかねません。その間に、さまざまな損害を被るおそれがあります。それゆえ、事前に後見開始の審判を受けておき、空白の期間を生じさせないようにするのがよいでしょう。

3　複数後見人の選任

成年後見人の人数については制限がありませんので、あなたと、あなた以外の弁護士等の適切と思われる方を成年後見人に選んでおくのもよいでしょう。そうすることにより、あなたが子どもの面倒をみることができなくなった場合に、引き続き、もう一人の成年後見人に子どもの面倒をみてもらうことができ、途切れることなく適切な支援が受けられます。

Q31 成年後見・保佐・補助の違い

成年後見と、保佐・補助との違いを教えてください。

お答えします

1 共通点

成年後見・保佐・補助のいずれも、「精神上の障害」を有していて、「事理を弁識する能力」が十分でない人が対象者となっていることで共通しています。単なる浪費者や身体障害者は、十分な判断能力を有している限りいずれの制度でも対象になりません。

ここで、精神上の障害とは、認知症、知的障害、精神障害等を意味します。事理を弁識する能力とは、自分の行為の結果について合理的な判断をする能力を意味します。

2 相違点

(1) 分類

成年後見・保佐・補助は、事理を弁識する能力（事理弁識能力）の程度により区別されます。

成年後見は、事理弁識能力を普段から欠いているような場合です。本人（成年被後見人）には、成年後見人が選任されます。

保佐は、事理弁識能力が著しく不十分な場合です。日常的な買物程度はできますが、重要な財産行為は自分一人では困難な場合があります。本人（被保佐人）には、保佐人が選任されます。

補助は、事理弁識能力が不十分な場合です。被保佐人よりは精神上の障害が軽いが、重要な財産行為は必要な範囲を定めて誰かに支援してもらうほうがよい場合です。本人（被補助人）には、補助人が選任されます。なお、ここでいう重要な財産行為とは、民法で定められて

いる九つの行為をいいます（〈表9〉参照）。

〈表9〉 重要な財産行為（民法13条1項）

> ① 元本を領収し、または利用すること（例：借金の元本を返済してもらうこと）
> ② 借財または保証をすること
> ③ 不動産その他重要な財産に関する権利の得喪を目的とする行為をすること（例：不動産の売買）
> ④ 訴訟行為をすること（例：訴えの提起）
> ⑤ 贈与、和解または仲裁合意をすること
> ⑥ 相続の承認もしくは放棄または遺産の分割をすること
> ⑦ 贈与の申込みを拒絶し、遺贈を放棄し、負担付贈与の申込みを承諾し、または負担付贈与を承認すること
> ⑧ 新築、改装、増築または大修繕をすること
> ⑨ 民法602条に定める期間（例：土地5年、建物3年）を超える賃貸借をすること

(2) 同意権、取消権

　成年後見人、保佐人は、それぞれ成年被後見人、被保佐人がした法律行為を取り消すことができます。また、補助人も審判により被補助人がした法律行為を取り消すことができます。しかし、これらの権限の範囲には違いがあります。〈表10〉を参照してください。

　成年後見人は、日常生活に関する行為以外のすべての行為を取り消せます。

　保佐人は、〈表9〉の重要な財産行為について同意権を与えられ、本人が保佐人の同意なしにこれらの重要な財産行為を行った場合に取り消すことができます（それ以外の行為も同意を得なければならない旨の審判をもらっておくことができます）。

　補助人の場合は、家庭裁判所の審判で、重要な財産行為の一部に

〈表10〉 成年後見・保佐・補助の概要

	対象となる方	成年後見人、保佐人または補助人が代理できる範囲	成年後見人、保佐人または補助人が取消しできる範囲
成年後見	判断能力を欠き、日常的に必要な買い物も自分ではできずに誰かに代わってやってもらう必要がある程度の者が対象となる。自己の財産を管理・処分できない程度に判断能力が欠けている者と表現することもできる。	財産に関する本人の行為全般（居住用資産の処分については、裁判所の許可が必要）	日用品の購入等日常生活に関する行為以外取消しができる。
保佐	判断能力が著しく不十分で、日常的に必要な買い物程度は単独でできるが、不動産、自動車の売買や自宅の増改築、金銭の貸し借り等、重要な財産行為は自分ではできないという程度の判断能力の者が対象となる。	申立て時の内容による。本人の同意が必要である。家庭裁判所が個々の事案に応じて必要性を判断したうえ決定する。個別代理権が付与され、その限度で財産管理権がある。	前掲〈表9〉の重要な財産行為（審判によってそれ以外の行為も対象とできる）。
補助	判断能力が不十分で、重要な財産行為は自分でできるかもしれないが、できるかどうか危惧があるので、本人の利益のためには誰かに代わってやってもらったほうがよい程度の者が対象となる。	申立て時の内容による。本人の同意が必要である。家庭裁判所が個々の事案に応じて必要性を判断したうえ決定する。個別代理権が付与され、その限度で財産管理権がある。	前掲〈表9〉の重要な財産行為のうちの一部に限り、申立てにより認められる。本人の同意が必要である。

限って同意を得なければならないとすることができるとされています。同意を得なければならないとされた行為については、本人が補助人の同意なしに行った場合には取り消すことできます。

また、この取り消すことができる法律行為については、成年後見人・保佐人・補助人が追認をして、以後取り消せない有効な行為にすることもできます。

なお、補助人への同意権の付与は、本人以外の人が申し立てる場合、本人の自己決定の尊重の観点から、本人の同意が要件となっています。

(3) 代理権

成年後見人には、全面的な代理権が認められており、本人に代わってさまざまな法律行為を行えます。

これに対し、保佐人や補助人への代理権は、家庭裁判所の審判により付与されるもので、付与には本人の申立てまたは同意が要件になっており、その範囲は特定の法律行為に限定されます。この特定の法律行為とは、前述の重要な財産行為に限られず、たとえば預貯金の管理、要介護認定の申請、介護施設入所契約等でもかまいません。

なお補助では、本人の申立てまたは同意がなければ、同意権や代理権の付与の審判を行えませんが、そもそも補助開始の審判も行うことができません。

Q 32　後見・保佐・補助開始審判の申立て

誰が後見・保佐・補助開始審判の申立てをすることができるのですか。申立てを専門家に頼むことはできますか。また、申立ての際に、成年後見・保佐・補助のいずれを開始するよう申し立てるべきか、選択の基準はありますか。

お答えします

1　申立てをすることができる人

後見・保佐・補助開始審判の申立てをすることができるのは、法律で、本人、配偶者、四親等以内の親族、未成年後見人、未成年後見監督人、保佐人、保佐監督人、補助人、補助監督人、検察官、市町村長と決められています。ですから、これらのうちのいずれかに当てはまる人が、本人について後見・保佐・補助開始審判の申立てをすることができます。

2　申立てを専門家に依頼する場合

後見・保佐・補助開始審判の申立てを、専門家に依頼することもできます。

弁護士に依頼する場合には、弁護士が申立人の代理人として申立てを行うことになります。この場合、弁護士に支払う費用が必要となりますが、手数料は20万円以下と決められていることが多いと思われます。

3　成年後見・保佐・補助の選択

成年後見・保佐・補助の対象となる方は、Q31の〈表10〉に記載されているとおりですが、申立ての際には、後見・保佐・補助のいずれの開始審判を申し立てるのか、申立人がまず選択しなければなりませ

ん。

　医師の診断結果はもちろん重要な判断要素となりますが、ご本人の意思や保護の必要性の程度等も総合的に考慮して、弁護士等の専門家ともよく相談しながら決定するのがよいでしょう。

　ただし、最終的に成年後見制度の各類型のいずれが妥当かについては、医師の診断・鑑定をもとに裁判所が判断することになりますので、必ずしも、申し立てた内容どおりに審判が出るとは限りませんので、ご注意ください。

　後見・保佐・補助の開始審判の申立てや、その他成年後見制度についての相談は、弁護士会や市役所等の法律相談でもすることができますし、相談を受け付けている弁護士に直接ご相談いただいてもかまいません。当NPO法人遺言・相続・財産管理支援センターにおいても、成年後見制度全般に関するご相談を受け付けていますので、お気軽にご相談ください。

Q 33　成年後見人等の選任・報酬

私が成年後見人になろうと思うのですが、私が申立てをすれば、必ず私が成年後見人になれるのでしょうか。私が成年後見人になることができない場合、どのような方に成年後見人になってもらえるのでしょうか。また成年後見人の報酬はどのように決定されますか。

お答えします

1　成年後見人等の選任

成年後見人等（成年後見人・保佐人・補助人）を選ぶのは裁判所です。ただし、申立ての際に「成年後見人候補者」等として申立人自身あるいは第三者を推薦することができます。ですから、申立人が成年後見人になろうと考えている場合には、成年後見人候補者の欄にご自分の氏名を記載して裁判所に提出することになります。

もっとも、成年後見人候補者等を記載して申立てを行った場合でも、必ず候補者になった人が成年後見人等になれるとは限りません。裁判所は、本人のために適任と考える人を成年後見人等に選任します。ですから、本人や本人の推定相続人など周りの親族の中で候補者が成年後見人等になることに対して異議を唱える人がいない場合には、候補者が成年後見人等になれる可能性が高いと思います。逆に、たとえば親族間に本人の遺産を狙っている人がいるなど親族間に争いがある場合には、候補者が成年後見人等に選任される可能性は低くなります。なぜなら、そのような場合には、対立する親族からさまざまな横槍が入り、後見事務をスムーズに行うことができず、結果として本人のためにならないと考えられるからです。このような場合には、候補者としてどなたかを推薦したとしても、裁判所は親族以外の第三者を成年

後見人等に選任するケースが多いのです。

2 候補者がいない場合等

申立て時に候補者を立てなかったり、候補者を立てて申立てを行っても裁判所が成年後見人等として適当でないと判断した場合は、裁判所が適当と考える人を成年後見人等に選任します。

第三者が成年後見人に選任される場合、弁護士や司法書士、社会福祉士などの専門職の方が成年後見人等になることもありますし、最近では一般の市民で研修等を受けて一定のスキルを身に付けた市民後見人が成年後見人等になることもあります。これらの方の中から、事案に応じてたとえば本人が多くの借金を抱えている、親族間に争いがあるといったケースでは弁護士が、法的な問題はないけれども身上監護の面で特に支援が必要だというケースでは社会福祉士が選任されます。

3 成年後見人等の報酬

成年後見人等の報酬については、弁護士が成年後見人等であろうと社会福祉士が成年後見人等であろうと、成年後見人等が行った事務の内容と本人の生活や資産状況を考慮して裁判所が本人に無理のない範囲で報酬額を決定し、本人の財産の中から支払われることになります。なお、親族が成年後見人等となる場合には、報酬がないことが多いと思われます。

Q 34 後見・保佐・補助開始審判の申立書類

後見開始審判の申立ての際には、何を提出しないといけないのでしょうか。

お答えします　後見開始審判の申立てにあたっては、裁判所に対して、申立書のほかに、〈表11〉の書類等を提出する必要があります（裁判所により取扱いが異なることもありますので、管轄の裁判所にご確認ください）。なお、裁判所に提出する書類については、戸籍謄本など役所で取り寄せるものを除いて、裁判所所定の書式があります。これらの書式については、お近くの家庭裁判所で直接受け取ったり、家庭裁判所のホームページからダウンロードする等の方法により取得することができます。

また、申立てにあたっては、家庭裁判所に収める手数料や鑑定を行う場合の鑑定費用についてもあらかじめ用意しておく必要があり、これらの費用は申立人が負担することになります。なお、申立て時に提出する裁判所所定の診断書の記載から、本人の判断能力が低下していることが明らかな場合などは、鑑定不要となることもあります。

〈表11〉 申立書といっしょに提出する資料

【申立人についての資料】
・戸籍全部事項証明書（戸籍謄本）
【本人についての資料】
・戸籍全部事項証明書（戸籍謄本）、住民票 ・後見登記がされていないことの証明書（本人についてすでに成年後見等が開始していないことを証明するもので、法務局でとることができます） ・診断書、鑑定についてのお尋ね（裁判所で定められている書式に基づく診断書である必要があります） ・財産関係等の資料（預金通帳や不動産の登記簿謄本、月々の収入や支出がわかるものが必要です）
【候補者についての資料】
・住民票 ・陳述書（欠格事由のないことを確認するもの）
【その他】
・本人、候補者に関する照会書 ・親族関係図 ・財産目録や収支目録 ・親族の同意書

Q 35　成年後見制度のメリット・デメリット

成年後見制度を利用するメリットとデメリットを教えてください。成年被後見人、被保佐人、または被補助人になると、行動がどの程度制約されるのでしょうか。

お答えします

1　成年後見制度を利用するメリット

成年後見制度を利用するメリットの一つとしては、本人の預貯金の管理や不動産の管理等の財産管理や、介護利用契約等の身上監護を、本人に代わって成年後見人・保佐人・補助人に行ってもらえるという点があげられます。次のページの〈表12〉をご参照ください。そのほかにも、本人の代わりに成年後見人が訴訟行為を行うことができる等、さまざまな利点があります。

2　成年後見制度を利用するデメリット

他方、成年後見制度を利用するデメリットは、本人の行動が制約されることがあることです。Q31の〈表10〉に記載されているとおり本人の行為が後で取り消されることがあります。

また、成年被後見人または被保佐人は、法律上、国家公務員や、地方公務員、医師、弁護士等となることができず、職業上の制約も生じます（国家公務員法38条、地方公務員法16条、医師法3条、弁護士法7条等）。詳細は、弁護士等の専門家にご確認ください。

成年後見制度を利用することには、上記のとおり成年被後見人・被保佐人・被補助人にデメリットもありますが、本人が判断能力を欠く状況となった場合には、本人の財産の処分その他の財産管理や身上監護が適法に行われるよう、成年後見制度の利用を検討すべき場合が多くあります。専門家や市役所等の関係者ともよく相談しながら、成年

後見制度を有効に利用していただきたいと思います。

〈表12〉 成年後見人・保佐人・補助人の事務

	預貯金の管理	不動産の管理	介護計画等 （身上監護）
成年後見人	成年後見人が行う。定期的に裁判所へ報告する。	成年後見人が行う。定期的に裁判所へ報告する。	成年後見人が行う。
保佐人	保佐人に預貯金に関する取引について代理権が付与されている場合、行いえる。	保佐人に不動産に関する取引について代理権が付与されている場合には可能である。	保佐人に身上監護に関する代理権が付与されている場合には、代理して行いえる。
補助人	補助人に預貯金に関する取引について代理権が付与されている場合、行いえる。	補助人に不動産に関する取引について代理権が付与されている場合には可能である。	補助人に身上監護に関する代理権が付与されている場合には、代理して行いえる。

Q36　成年後見人・保佐人・補助人に対する監督

成年後見人になれば、成年被後見人の財産の処分について、成年後見人が自由に決めることができるのですか。成年後見人の監督は誰がするのですか。

お答えします

1　裁判所による監督

Q35の〈表12〉のとおり、成年後見人は、成年被後見人についての身上監護や、預貯金や不動産の管理について、成年被後見人に代わって行うことができるようになります。

しかし、何でも好きなようにできるわけではありません。

成年後見人は、成年後見人としての業務を、成年被後見人のためになるように行わなければなりません。

成年後見人の監督をするのは、第一には裁判所です。

成年後見人は、裁判所に対して、定期的に、成年後見人としての業務の内容について、報告をしなければなりません。成年後見人は、成年被後見人の財産を何のために使ったか、成年被後見人の介護をどのように行っているか等について、裁判所に報告をする義務があります。

定期的な報告以外でも、後で問題となることがないように、高額な支出、定期預金の解約、成年被後見人の財産からの支出に疑義がある場合等は、裁判所へ事前に協議または確認をしておくとよいでしょう。

2　成年後見監督人

裁判所が、事案によって、成年後見人の監督を充実させる必要があると考えた場合には、裁判所は、成年後見人を監督する「成年後見監督人」を選任することもできます。

成年後見監督人が選任されるのは、成年被後見人の財産関係が複雑

な場合や、財産管理をめぐって親族間で紛争が発生しているケース等があります。

　成年後見監督人が選任されている場合には、成年後見人は、成年被後見人のために営業もしくは民法13条1項に掲げる行為（賃貸不動産の利用、借財・保証、不動産等の重要な財産の取得・譲渡、訴訟、贈与、相続の承認・放棄・遺産分割、新築・改築・大修繕、長期の賃貸借（土地5年、建物3年以上））を行う場合は、成年後見監督人の同意を得なければなりません（民法864条）。

　成年後見監督人が選任されていることから、重要な行為について、成年後見人の代理権が制限されているのです。

　成年後見監督人が選任されている場合は、成年後見人は、裁判所に加えて、成年後見監督人からも、監督されることになります。

　以上は、成年後見人に対する監督の場合ですが、保佐人・補助人に対しても同様に、裁判所による監督があり、保佐監督人・補助監督人が選任されることがあります。

第 3 章

相続のことが心配になったら

1　相　続

Q　37　相続の仕組み

私が生きている間に、私の財産を家族に相続させることはできますか。

お答えします　　生前に相続をさせることはできません。

1　相続は亡くなった人の財産を承継するもの

相続は、人が死亡したときに開始するものであり、生前に相続を開始させることはできません。生きている間に親族などに自己の財産を分け与えた場合は、相続ではなく「贈与」になります。

人が死亡した場合、その人が有していた財産は、一定の身分関係にある者が承継することになります。これを「相続」といいます。相続の場面では、亡くなった人のことを「被相続人」、亡くなった人の財産を承継する人を「**相続人**」といいます。

2　法定相続と遺言相続

相続には、被相続人の意思、すなわち遺言に基づいて財産を分ける「**遺言相続**」と、法律で定められた相続人（**法定相続人**）と相続割合（法定相続分）に従って財産を分ける「**法定相続**」とがあります。

遺言を残していない限りは、「法定相続」により、被相続人の財産が相続人に移転することになります。相続人が複数人いる場合、すべての財産が自動的に相続分に従って分けられるわけではありません。たとえば、不動産などの財産はいったん相続人全員での共有となり、

相続人の間で財産の分け方を決める話し合い（**遺産分割協議**）を経て、相続人個人が取得する財産の範囲が確定されることになります。

　被相続人が遺言を残していた場合は、遺言に示された被相続人の意思に基づいて、相続人や相続人以外の者へ財産が分けられることになります。

3　「相続」を「争族」にしないために

　相続が始まると、具体的には、相続人が被相続人名義の預貯金を解約したり、不動産の登記名義を変更したりすることになりますし、相続税の申告が必要となる場合もあります。また財産の分け方をめぐって相続人間でトラブルが生じる例も多いため、「争族」などと表現されたりもします。後に争いを生じさせないためにも、自分にもしものことがあった場合に誰が相続人となり相続分はどうなるのかを確認して、遺言を残すなどの備えをしておくべきでしょう。

こらむ　　　　**争族の実態**

　相続について相続人間で揉めた場合、家庭裁判所を舞台に、相続人が相続財産の分配をめぐって激しく争うことになります。この家庭裁判所での手続を「遺産分割調停」や「遺産分割審判」といいますが、これらの手続に進んだ場合、相続人全員が、平日に、家庭裁判所で開かれる期日に何度も足を運ぶことが多く、期日はおおむね1カ月に1回のペースでしか開催されませんので、最終的な解決までに1年以上の期間がかかることも珍しくないのです。

Q 38 誰が相続人になるのですか

　私には離婚した先妻Aとのあいだに娘Bがいますが、離婚の際に娘は先妻が引き取り、その後は連絡をとっておらず、娘Bが現在どこで何をしているのか知りません。その後私は妻Cと再婚しましたが、妻Cとの間に子どもはいません。祖父母、両親は他界しており、他の親族としては弟Dと妹Eがいます。もし私が遺言を残さずに死んでしまった場合、誰がどれだけ財産を相続することになるのでしょうか。

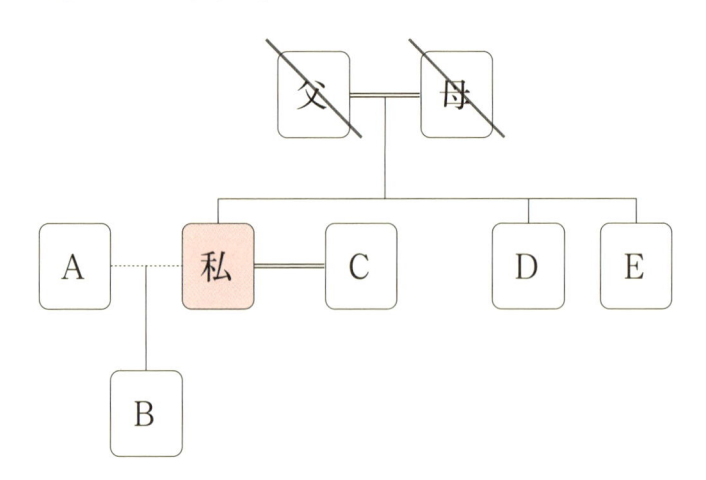

お答えします

　あなたが死亡した時点で、Bが生存している場合、BとCが2分の1ずつの割合で財産を相続します。あなたが死亡するより以前に、Bが死亡していた場合、Cが4分の3の割合で、DとEが8分の1ずつの割合で財産を相続します。

1　遺言がない場合の相続

遺言があれば、遺言に従って相続財産の分配が決まります。しかし遺言がなければ、民法で定められた相続人が、民法で定められた割合（相続分）に従って、被相続人の権利義務を承継することになります。相続人と相続分は、被相続人の親族関係によって異なります。

2　誰が相続人となるのか

〔図6〕　相続人の順位

▷**配偶者は常に相続人**になる。配偶者以外は、次の順番になる。

| 第1順位 | 被相続人の子 |

　　　　⬇　子がいない場合のみ

| 第2順位 | 被相続人の直系尊属（父母・祖父母等） |

　　　　⬇　直系尊属もいない場合のみ

| 第3順位 | 被相続人の兄弟姉妹 |

(1)　民法の規定

では、民法で定められた相続人（**法定相続人**）について説明します。

まず被相続人に配偶者がいる場合、配偶者は常に相続人になります（民法890条）。

配偶者以外の親族については、相続人となる順位が法律で決められています。順位が上の身分の者がいないときに、初めて、順位が下の

103

身分の者は相続人となる資格を得ることになります。そして被相続人の配偶者がいる場合は、配偶者とともに相続人になります。

① 第1順位にあるのは、被相続人の子です（民法887条1項）。子が複数人いる場合は、全員が相続人となります。子であれば、お嫁に出た娘であっても、養子であっても、離婚した前妻に引き取られた子であっても相続人になります。

② 第2順位にあるのは、被相続人の直系尊属、つまり被相続人の父母、祖父母等です（民法889条1項1号）。

③ 第3順位は、被相続人の兄弟姉妹です（民法889条1項2号）。兄弟姉妹が複数人いる場合は、全員が相続人となります。

(2) ご質問のケースの相続人

ご質問のケースでは、あなたが死亡したときに娘Bが生存しているかどうかで相続人の範囲が変わります。娘Bが生存している場合（後掲〔図7〕のパターンⒾ）は、妻Cと娘Bが相続人になります。娘Bがすでに亡くなっていた場合（パターンⓂ）は、両親がすでに他界しているため、妻Cと弟Dと妹Eが相続人になります。

3　相続分はいくらか

(1) 民法の規定

次に、民法で定められた相続の割合（**法定相続分**）について説明します（〈表13〉参照）。

① 相続人が配偶者と子の場合、相続分は配偶者が2分の1、子が2分の1となります（民法900条1号）。同順位の相続人が複数人いる場合（たとえば子どもが複数いる場合）は各自の相続分は均等とされており、同順位の相続人で頭割りすることになります。ただし、現行の法律では、婚姻関係にない男女間の子（非嫡出子）の相続分は、婚姻関係にある男女間の子（嫡出子）の2分の1と

〈表13〉 法定相続分・遺留分一覧

親族の有無				法定相続分				遺留分（Q64参照）			
配偶者	子	直系尊属	兄弟姉妹	配偶者	子	直系尊属	兄弟姉妹	配偶者	子	直系尊属	兄弟姉妹
○	○	○	○	1／2	1／2	0	0	1／4	1／4	0	0
○		○	○	2／3		1／3	0	2／6		1／6	0
○			○	3／4			1／4	1／2			0
○				1				1／2			
	○	○	○		1	0	0		1／2	0	0
	○	○			1	0			1／2	0	
	○		○		1		0		1／2		0
	○				1				1／2		
		○	○			1	0			1／3	0
		○				1				1／3	
			○				1				0

※網掛けしている者が相続人

されています。

② 相続人が配偶者と直系尊属である場合、相続分は配偶者が3分の2、直系尊属が3分の1です（民法900条2号）。

③ 相続人が配偶者と兄弟姉妹の場合は、相続分は配偶者が4分の3で、兄弟姉妹が4分の1です（民法900条3号）。ただし、父母の一方のみが同じである異父兄弟、異母兄弟の相続分は、父母の双方が同じ兄妹の相続分の2分の1とされています。

(2) ご質問のケースでの相続分

ご質問のケースでは、娘Bが生存している場合（パターン㋑）は、妻Cの相続分が2分の1、娘Bの相続分が2分の1となります。娘Bがすでに亡くなっていた場合（パターン㋺）は、妻Cの相続分が4分の3、弟Dと妹Eの相続分は8分の1ずつとなります（〔図7〕参照）。

〔図7〕 相続分の例（質問の場合）

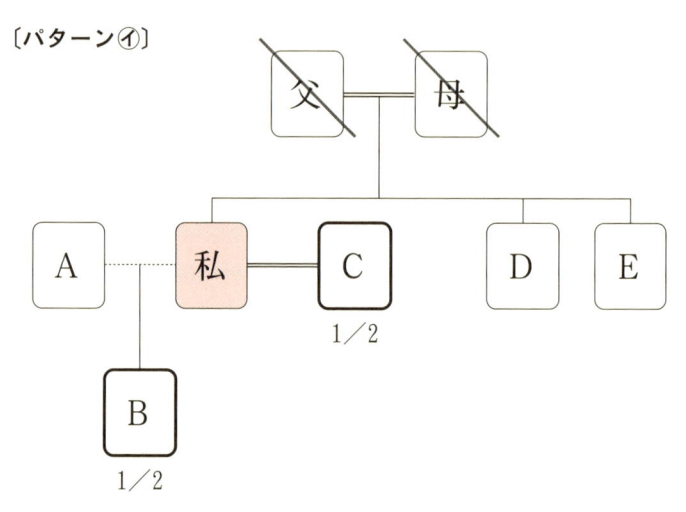

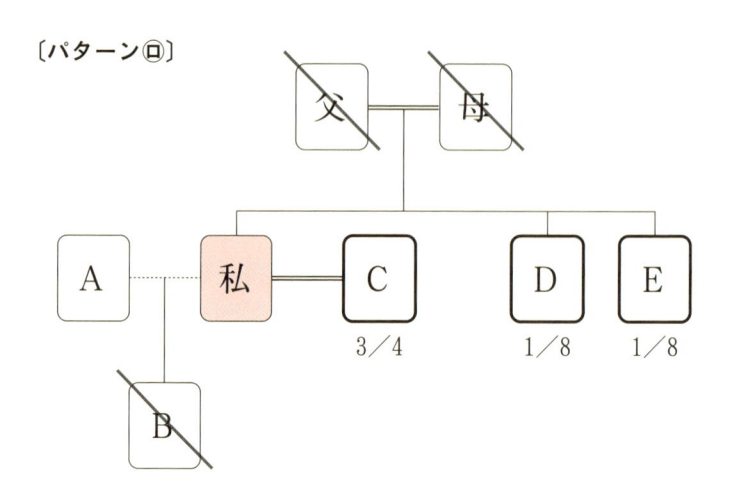

〔パターン㋑〕

A ┄┄ 私 ═ C （1/2）
       | D   E
       B （1/2）

父 母（死亡）の子：私、D、E
A：私の配偶者（事実婚等）
B：私とAの子
C：私の配偶者

〔パターン㋺〕

A ┄┄ 私 ═ C （3/4）   D （1/8）   E （1/8）
       |
       B（死亡）

Q39　亡き息子に代わり孫が相続できますか

私には一人息子がいましたが、息子は病気ですでに亡くなりました。息子には妻と子どもがおり、今も健在です。もし私が死んでしまった場合、私の財産を孫が相続することはできるのでしょうか。

お答えします　孫が相続することができます。
子が親よりも先に亡くなっている場合に、その子の子にあたる孫がいれば、子の代わりに相続することになります。

1　代襲相続

民法では、相続が開始する以前に、相続人となるべき者が死亡していた場合は、その者の子（直系卑属）がその者に代わり相続人となります。つまり相続人になるはずだった者の下の世代が、相続人の身分を引き継ぐのです。これを代襲相続（民法887条2項）といいます。

代襲相続は、被相続人の子あるいは兄弟姉妹が、被相続人より先に亡くなられた場合に発生します。被相続人の配偶者や親が先に亡くなられていたとしても、代襲相続は発生しません。

代襲相続は、相続人が死亡していた場合以外にも、相続人に欠格事由（民法891条）が存在する場合と、推定相続人廃除（民法892条）を受けている場合も対象となります（Q42参照）。しかし、相続放棄は代襲相続の原因とはなりません。

代襲相続により相続人となる資格が認められるのは、相続人となるべき者の子です。配偶者は代襲することはできません。

2　質問のケースの相続人は

　ご質問のケースでは、あなたが亡くなられた場合、相続人となるべき息子さんが相続開始前に死亡しているので、その息子さんの子である孫が息子さんに代わり相続人となります。

3　再代襲

　もしも孫も相続開始前に死亡してしまった場合、その孫の子である曾孫がいれば、さらに代襲して曾孫が相続人となります。このように代襲を繰り返すことを再代襲といいます。

　しかし兄弟姉妹の代襲相続の場合は、代襲は一度だけで、再代襲は認められません。つまり兄弟姉妹が相続人となる場合、その兄弟姉妹が相続開始前に死亡していると、その兄弟姉妹の子、すなわち被相続人から見て甥・姪が兄弟姉妹に代わり相続人となりますが、代襲相続が発生するのはここまでです。甥・姪よりも下の世代は、代襲相続により相続人となりません。

こらむ　いとこは相続人にならない

　「いとこ」ってかなり身近な親族という認識がありませんか？

　しかし、これまでにみてきたとおり、いとこは、法律上、相続人にはならないのです。逆に言えば、お世話になったいとこに、自分の財産を分けてあげたい場合は、生前にいとこに対して財産をタダであげておく（「生前贈与」といいます）か、遺言書にいとこに対して財産をあげる旨記載しておかなければなりませんね（「遺贈」といいます）。この機会に、自分にとっての法律上の相続人は誰になるのか、簡単な家系図でも書きながら、考えてみてはいかがでしょうか。

Q 40　財産よりも借金が多い場合はどうすればよいですか

私は事業のために借金をしています。今、私が死んでしまうと、財産よりも借金のほうが多く残ってしまうことになりそうです。その場合に、子どもが借金を相続しない方法はありますか。

お答えします　あなたの生前に借金を清算する方法としては自己破産などがあります。
相続開始後であれば、相続人が**相続放棄**をすることができます。

1　生前に借金を清算する方法

あなたの借金を生前になくしてしまえば、お子さんが借金を相続することはありません。その手段としては、自己破産や、任意整理などの手続が考えられます。

ただし、これらの手続をとると、一定期間新たな借入れができなくなりますし、特に自己破産の場合、生活に不可欠な物を除く財産（自宅等）を手放さなければならず、不利益があることも事実です。

生前あなたがどのように暮らしたいのかに深くかかわりますので、自己破産等を検討する際は、まずは法律家に相談してください。

2　相続による権利義務の承継

あなたが、借金を残したまま亡くなった場合はどうでしょうか。

相続は、被相続人の有する権利義務を承継することですので、被相続人に借金等の債務がある場合は、相続人が当然にこれを承継します。

ですから相続する財産の内容が、預貯金や不動産等のプラスの財産よりも、借金などマイナスの財産のほうが多い場合、相続人は結果的

109

に損をすることになります。マイナスの財産が大きければ、相続が原因で相続人が破産、なんてことにもなりかねません。

3　相続放棄の制度

こうした場合、相続人は相続放棄を選択するべきでしょう。

相続人が自己のために相続があったことを知った時から3カ月間は、相続を承認するか放棄するかの考慮期間とされています（民法915条1項）。相続放棄をする場合は、この考慮期間内に、家庭裁判所に放棄する旨を申述しなければなりません（民法938条）。相続開始前に、あらかじめ放棄をすることはできません。

相続放棄を行うと、放棄をした者は初めから相続人ではなかったことになります（民法939条）。相続人である配偶者や子どもが相続放棄をすると、親や兄弟姉妹など本来相続人になる順位ではなかった者が突如相続人になることがありますので、その場合は相続人となった親や兄弟姉妹も放棄をするべきです。放棄により、プラスの財産を取得することはできませんが、被相続人のマイナスの財産を負担する必要もありません。

考慮期間内に相続人が相続財産を処分した場合や、放棄をせずに考慮期間が過ぎた場合は、相続人は相続を**単純承認**したものとみなされて、被相続人の権利義務を承継することになってしまうので注意が必要です（民法921条）。

相続人は、ほかには**限定承認**という手続を選択することもできます（Q41参照）。

相続人に借金を残すことになるか不安なのであれば、相続人が放棄をすべきかどうか判断しやすくするために、あなたの有するプラスの財産とマイナスの財産の内容を一覧表にするなどして、相続人が調査・把握しやすいように整理しておくべきでしょう。

Q 41 連帯保証人であることも相続されるのですか

私は、事業をしている友人が金融機関から借入れをする際に、連帯保証人になりました。友人は事業を順調に継続しており、迷惑をかけられたこともないのですが、連帯保証人になったことは相続に影響するのですか。

お答えします 相続人は被相続人が負っていた連帯保証債務も相続します。

1 連帯保証債務の相続

相続人は、被相続人のプラスの財産だけでなくマイナスの財産も引き継ぐことになります。つまり、ローンの返済などの債務も相続の対象となります。連帯保証とは、主たる債務者が弁済をしない場合に、保証人が代わりに弁済をするという債権者と保証人との間の契約です。そして主たる債務者の代わりに弁済をするという保証人の義務は、相続によって相続人に承継されます。

ですから相続人が法定相続分に従って連帯保証人の地位を承継することになり、友人が債務の弁済ができなくなると、相続人が連帯保証債務の履行を求められることになります。

2 相続人のために保証債務の確認を

相続人が単純承認後に、債権者から連帯保証債務の履行を求められ予想外の損害を受けるという事態を避けるためにも、連帯保証契約の存在とその内容を相続人が知ることができるようにしておくべきです。また主たる債務者の弁済状況を確認して、連帯保証債務のリスクを把握しておくと、相続人は相続放棄（Q40参照）をするかどうか判断し

やすくなるでしょう。

3　限定承認手続

　相続人は、相続財産のなかに債務がどの程度あるのか不明で、プラスの財産がマイナスの財産を上回るかどうかわからない場合は、限定承認という手続を選択することができます。限定承認とは、被相続人の債務を、相続によって得た財産の限度で弁済することを留保して相続の承認をするものです（民法922条）。相続人は、被相続人のプラスの財産からのみ相続債務の弁済をすることになるので、相続のために自己の財産まで減少することを避けることができます。

　限定承認は、相続放棄と同じように考慮期間内に家庭裁判所に限定承認する旨を申述することで行います。限定承認の手続は、相続人が複数いる場合は共同相続人全員が共同して行わなければなりません（民法923条）。限定承認をした場合、相続財産を他の財産とは分離して管理し、相続債権者に対する官報での公告などの手続を負担しなければならないなど手間も多くかかることもあり、限定承認手続は実際にはあまり利用されていません。

こらむ

相続放棄をあきらめないで

　「父が亡くなってから1年ほどが経ったある日、突然私あてに全然知らない父の連帯保証債務の支払いを求める通知がきたんです！」なんて話、びっくりしますね。こんな場合は、まずは法律家に相談してください。相続人が相当な理由をもって相続債務が存在しないと信じていた場合等には、相続放棄に関する3カ月間の考慮期間経過後も、相続放棄が認められる場合があるからです。

Q42 暴力を振るうような相続人には相続させたくない

私には、相続財産として自宅があります。現在、私には、妻Aと子が三人（B、C、D）いますが、子のうちの一人（B）が理由なく私に暴力を振るうので、この子を除いて、妻Aと他の子二人（C、D）にだけ財産を相続させたいのですが、そうしたことはできるのでしょうか。

お答えします

可能です。

相続人となる予定の人に、相続させるべきでない一定の事由がある場合には、その人に相続をさせないようにすることが可能です。このように、相続人の相続を受ける資格を失わせる手続を、「**推定相続人の廃除**」といいます。

1 「廃除」手続の必要性

あなたの望みを確実に実現するには、「廃除」の手続をとる必要があります。他の方法、たとえば、B以外の三人に自宅を贈与してしまう等の方法は不適切です。なぜなら、このような贈与をしても、法律は、あなたの子Bに対して、相続財産に対する一定の潜在的な取り分（これを「**遺留分**」といいます。Q64参照）を認めていますので、あなたの死後、Bがあなたの妻AとC・Dから財産を取り戻す可能性が残るからです。なお、この「遺留分」を有しているのは、兄弟姉妹以外の相続人です。よって、兄妹姉妹については廃除の対象とはなりません。

2 廃除の手続

廃除をするには、二つの手続があります。生前にあなたが家庭裁判

所に対し廃除についての判断（審判）を求める方法（民法892条）と、遺言で廃除の意思を表明しておく方法（民法893条）です（Q61参照）。

3　廃除の要件

廃除が認められるためには、法律上、Bについて、あなたに対する①虐待、②重大な侮辱や、③その他著しい非行があることが必要です。

「重大な侮辱」の例として、長男が老齢の被相続人に対し、一人暮らしの面倒をみなかったばかりか、暴力を振るったり、暴言を浴びせたりなどした事案があります。

「著しい非行」の例として、長男が窃盗等の犯罪を繰り返して何度も服役し、また交通事故や借金を重ねて、被相続人に被害者らへの謝罪と弁償や借金の返済を任せきりにし、多大の精神的苦痛と多額の経済的負担を強いた事案があります。

4　あなたの場合

あなたの場合、「虐待」を理由に、家庭裁判所にBの廃除の審判を申し立てましょう。裁判所では、Bがいつからどの程度の暴行をあなたに加えているのか、その暴行の原因等諸般の事情を考慮します。その結果、Bの暴行があなたとの家族的共同関係を壊してしまっていると客観的に判断された場合には「虐待」があるとして、廃除が認められることになります。

5　類似制度「相続欠格」

類似制度として、被相続人を殺害したり、遺言書を隠したりした相続人は、当然に、相続人たる資格を失うという制度も設けられています（民法891条）。

Q 43　遺産分割協議とは

　私は、妻には先立たれましたが、現在息子が二人います。財産は自宅（時価3000万円相当）と預金2000万円があります。長男Ａは、寝たきりの私を５年間長男の自宅で家族ぐるみで介護してくれましたので、ヘルパーさん等を頼む費用約800万円を支出せずにすみました。二男Ｂは何もしてくれませんが、2000万円のマンションを買ってあげたことがあります。息子二人は、私が死んだら自動的に法定相続分どおりに相続するのでしょうか。

お答えします　あなたの死後、Ａ・Ｂがあなたの財産をいったん共同で所有することになるため、Ａ・Ｂ間で財産を分ける話し合い（**遺産分割協議**）が必要となります。相続人だけではまとまらなければ、裁判所で財産の分け方を話し合い（遺産分割調停）、それでも決まらなければ裁判所が分け方を決定します（遺産分割審判）。このような話し合いや裁判所の判断の結果次第では、相続人が必ずしも法定相続分どおりに相続するとは限りません。

1　分割対象財産と遺産分割協議

　遺産分割の対象となるのは、大きくいえば、あなたが死亡するときに有している財産のうち、借金などのマイナスの財産を除く、プラスの財産（不動産や現金、有価証券等）と理解してくださって結構です。そして、このうち、不動産をＡが、現金をＢが相続する、といった話し合いがＡ・Ｂ間でなされます。

　なお、正確には、プラスの財産のうちでも、「預金」は、判例上、当然に分割されるため本来的には遺産分割の対象財産ではないとされていますが、実務上は相続人らの同意によって遺産分割の対象とするこ

とができます。分割対象財産の判断に迷われた際には法律家に相談することをおすすめします。

2　紛争が生ずれば裁判所へ

話し合いがすんなりと終わればよいのですが、遺産分割の手続において、財産の評価や範囲等をめぐって相続人同士が争いになり、裁判上の手続（調停や審判）に移行し長期戦になることが多いのも事実です。

3　修正要素としての「寄与分」と「特別受益」

また法律では、ある相続人があなたの相続財産を維持増加するのに特別の貢献をした場合、その人の取り分を多くすることを定めていますし、逆に、ある相続人だけがあなたから生前に特別の利益を受けていれば、その人の取り分を少なくすることを定めています。前者を「**寄与分**」（民法904条の2）、後者を「**特別受益**」（民法903条）制度といいます。これらも考慮するとなると、遺産分割は複雑になり紛争の火種になります。

あなたの場合、介護をしたAには800万円の寄与分が、マンションをもらったBには2000万円の特別受益があるとの評価があり得ます。実際は、この評価に至るまでに大変な労力と長い時間がかかりますし、また、特別な貢献の認定は難しいのが実情です。

4　具体的計算

ここでは、大変な労力と長い時間をかけて、Aには800万円の寄与分が、Bには2000万円の特別受益があると評価された場合の、具体的計算方法を考えていきます。

あなたの相続財産計5000万円相当に、二男Bにあげた2000万円を足

して(「特別受益」を戻します。特別受益の持戻し)、かつ、長男Ａの貢献分である800万円を引きます(「寄与分」を引きます)。結果、合計6200万円(5000万円＋2000万円－800万円)がＡＢに相続されるべき財産です。

　次に、ＡとＢの取り分ですが、Ａは6200万円の2分の1、すなわち3100万円に、自分が貢献した800万円を足した3900万円を得ることができます。逆に、Ｂは、6200万円の2分の1、すなわち3100万円から生前にすでにもらっていた2000万円を引いた合計1100万円を得ることができることになるのです。

5　遺言のすすめ

　あなたとしても、自分の死後、子ども二人が、相続で長期間争うことはお望みではないでしょう。このような場合、あなたご自身が、相続人および相続財産の範囲等をきっちり把握したうえで、遺言によって「自宅はＡに相続させる、預金はＢに相続させる」などと定めておけばトラブルを一定程度避けられます。そして、「遺言」の内容を考えるときにも、長男Ａがどれくらい財産維持に寄与したかや、二男Ｂには生前どのような財産をあげたか等を考えて、相続人間の公平を考慮してあげれば、禍根を残さず、より一層トラブルを防ぐことができるといえます。

Q 44 内縁の配偶者の賃借権

私は現在、内縁関係にある人と賃貸住宅で生活しています。借家の賃借人である私が死んだ後も、借家で同居している内縁の配偶者はその借家で暮らすことができるのでしょうか。

お答えします あなたに相続人がいない場合、内縁の配偶者は、あなたの賃借権を当然に引き継いで、借家で暮らし続けることができます。あなたに相続人がいる場合、内縁の配偶者は、あなたの賃借権を当然に引き継ぐことはできませんが、一定の場合、借家で暮らし続けることが可能です。

1 賃借権は相続される

建物を賃借していた本人（賃借人）が、死亡した場合、賃貸人はそれだけでは契約を終了させることはできません。なぜなら、相続人がいる場合、借家権（賃借権）もまた相続されるからです。

では、相続人ではない内縁の配偶者はどうなるのでしょうか。この点、内縁の配偶者等事実上の親族の賃借権については、以下のように保護がなされています。

2 相続人がおらず、内縁の配偶者が借家に同居している場合

同居している人が、内縁の配偶者（事実婚の配偶者）である場合ですが、相続人がいないときは、その同居人が建物賃借権の権利義務を当然に引き継ぐことができます（借地借家法36条）。

3 相続人がいて、内縁の配偶者が借家に同居している場合

あなたに相続人がいる場合、賃借権は相続人によって相続されます

ので、内縁の配偶者には引き継がれません。もっとも、それでは生前に被相続人と親しくしていた同居人の保護に欠けることになるため、判例および実務上、保護が図られています。

たとえば、被相続人の内縁の配偶者が賃貸人から建物の明渡請求を受けた事例で、判例は、内縁の配偶者は相続人の承継した賃借権を援用して明渡請求を拒むことができるとしました（最高裁昭和42年2月21日判決）。また被相続人の内縁の配偶者が、建物の所有権を相続した相続人から明渡請求を受けた事例では、相続人の明渡請求が権利の濫用（民法1条3項）となり認められない場合があるとしました（最高裁昭和39年10月13日判決）ので、相続人が建物の賃借権を相続した場合も、これと同様に内縁の配偶者は保護されるべきです。

4 借家が公営住宅の場合

注意が必要なのは、あなたの借家が公営住宅の場合です。公営住宅はその目的が住宅に困窮する低額所得者に住宅を賃貸し国民生活の安定と社会福祉に寄与することにあること等から、その入居者が死亡しても賃借権は相続されないとされています。そのため、あなたが死亡した場合、相続人や内縁の配偶者は、他の借家のように、当然に公営住宅に住み続けることはできません。

しかし多くの公営住宅では、同居の親族や内縁の配偶者であれば、公営住宅の入居承継の手続をとることで、引き続き居住を認めるとの運用がなされています。入居承継の要件・手続については、地方公共団体ごとに異なりますので、役所に尋ねてみてください。

Q 45 相続人がいない場合、相続財産はどうなるのですか

亡き父のいとこにあたるＡが近所に住んでおり、私が身の回りの世話をしています。Ａには他に親戚縁者もおりません。Ａが亡くなった場合に、相続人ではない私がＡの財産を承継することはできるのでしょうか。

お答えします　特別縁故者として財産の分与を請求することができる場合があります。できるならＡさんに生前に遺言を書いてもらったほうがよいでしょう。

1 相続財産法人の成立

相続人のあることが明らかでないとき、または相続人のないことが明らかな場合には、相続財産は「相続財産法人」というものになります（民法951条）。この場合、相続財産に管理人が置かれて管理・清算の手続がなされます。

2 相続財産管理人

相続財産の管理人は、利害関係人（相続債権者、特定受遺者〔Ｑ63参照〕、被相続人の債権者、特別縁故者等）または検察官の請求によって、家庭裁判所が選任し公告します（民法952条1項・2項）。

相続財産管理人は、相続財産を調査して財産目録を作成して相続財産を管理し、相続債権者および受遺者に対して一定期間内（2カ月以上）に請求の申出をするよう催告して債務の支払い等の清算を行います。また清算後、なお相続人が見つからない場合は、家庭裁判所が相続人を捜索する公告を行い、相続人が現れなければ、残余財産は、相

続する権利を有する者がいないものとして確定します。

3 特別縁故者制度

特別縁故者とは、被相続人と生計を同一にしていた人や、被相続人の療養看護に努めた人、また、その他被相続人と特別の縁故があった人などで、法定相続人ではない者のことをいいます（民法958条の3）。特別縁故者の具体例として、いっしょに暮らしていた内縁の配偶者や同居人、最期にお世話になっていた老人ホームなどがあげられます。

特別縁故者がいる場合には、その者の請求によって、家庭裁判所は清算後残存すべき相続財産の全部また一部をその者に与えることができます（民法958条の3）。

特別縁故者の制度は、相続財産を国庫に帰属させるよりも、内縁の配偶者等のように、法律上は相続人ではないが、実生活上深い縁故をもっていた者に与えるほうが好ましいことから設けられた制度です。

ただし、特別縁故者への財産分与は、家庭裁判所が分与を相当と判断する場合になされるものであり、請求したからといって、必ずしも残余財産のすべてを希望どおりに得られるものではありません。

ですから、Aさんの財産をあなたが引き継ぐことにAさんが同意してくれているのであれば、財産分与の手続によるのではなく、Aさんにきちんと遺言を書いてもらうことをおすすめします。

4 残余財産の国庫への帰属

最終的に、受遺者や特別縁故者に該当する者がいない、または、分与後も相続財産に残余があるといった場合には、残余分の相続財産は国庫に帰属して相続財産法人は消滅します（民法959条）。

Q46 お墓や仏壇等はどのように相続したらよいのですか

　私が死んだ場合、私の財産は相続人で仲良く分けてほしいのですが、先祖代々のお墓や仏壇については、遠方で暮らす私の長男ではなく、地元で家業を継いだ私の二男に継いでもらいたいと思っています。長男がお墓を承継するという伝統的な慣習に反することになりますが、お墓や仏壇を二男に継がせることは可能でしょうか。

お答えします　あなたが指定すれば、慣習とは異なる者に墓や仏壇を承継させることも可能です。

1　祭祀財産を承継する者

　先祖の祭祀を営むために必要な、系譜（先祖代々の家系図）、祭具（位牌や仏壇、その他先祖を祭のために用いるもの）、墳墓（墓石や墓碑等の建造物と、それらが存在する墓地などの土地）のことを**祭祀財産**といいます。

　祭祀財産は、伝統的な家族制度の中心的な要素であり、その性質上、共同相続人で分割して承継するというのはなじみません。また他の財産と同じように、祭祀財産の財産的価値を評価して遺産分割時において考慮するというのも一般的な価値観に照らすと適当ではありません。

　そこで法律では、祭祀財産は一般の相続財産と切り離されて、「祖先の祭祀を主宰すべき者」が承継することとされており、相続によって承継されるものとされていません（民法897条）。

2　祭祀主宰者の決め方

それでは、いったいどのように「祖先の祭祀を主宰すべき者」を決めるのでしょうか。

まず、第一に優先されるのが、被相続人による承継者の指定です（民法897条1項ただし書）。指定の方法は特に限定されていませんが、意思を明確に示すために、遺言の中で祭祀の主宰者を指定している例が多いです。

被相続人による指定がなければ、慣習に従って決めることになります（民法897条1項本文）。

そして、被相続人による指定もなく、慣習も明らかではない場合には、調停または審判により家庭裁判所が祭祀の主宰者を定めることになります（民法897条2項）。

3　祭祀主宰者の指定

このように、第一に被相続人による承継者の指定が優先されますので、長男に承継させる慣習がある場合でも、二男を祭祀承継者に指定して祭祀財産を承継させることができます。二男を祭祀承継者に指定することについては、遺言等の方法により希望や意思を明らかにしておくことが確実でしょう。

4　遺骸、遺骨の所有者

ちなみに、被相続人の遺骸、遺骨についても祭祀財産に準じて、祖先の祭祀を主宰すべき者が承継するものと解されています。遺骨の帰属をめぐって争いが生じた事例では、所有権は祭祀を主宰すべき者に帰属すると判示されました（東京高裁昭和62年10月8日判決、最高裁平成元年7月18日判決）。

2 相続についての税金

Q47 相続税が課税されるのはどのような場合ですか

私（高齢者）が死亡したら、相続税は発生するのでしょうか。

お答えします

相続税は、被相続人の財産に対して課される税金ですが、すべての人に相続税が課されるわけではなく、被相続人のプラスの財産（不動産、有価証券、現預金等）からマイナスの財産（借入金等）を引いた金額が、次の算式により計算した相続税の基礎控除額を超える場合に相続税がかかります。

> 相続税の基礎控除額＝5000万円＋1000万円×法定相続人の数

たとえば、相続人が配偶者と子ども2人の場合の基礎控除額は、8000万円（＝5000万円＋1000万円×3人）となります。つまり、プラスの財産からマイナスの財産を引いた金額が、8000万円以下であれば、相続税はかからないこととなります。

相続税の基礎控除額とは、相続人の将来の生活を保護するなどの趣旨で設けられており、相続人の数に応じて、一定の金額が相続税の対象から控除されるものです。

なお上記の基礎控除額は平成24年度現在のものであり、平成25年度税制改正により、平成27年1月1日以後相続開始における基礎控除額は、3000万円＋600万円×法定相続人の数 へ縮小されることとなりました。

Q48 相続税は誰がいつ納付するのですか

私が死亡したときの相続税は誰がいつまでにどのような方法で納めることになるのでしょうか。

お答えします　相続税は、相続により財産を取得した相続人や、遺言により財産を取得した人が、被相続人の死亡の日から10カ月以内に申告・納付をする必要があります。

1　延納と物納

相続税の納付について、被相続人の財産が土地とわずかな預金であったような場合は、金銭で一時に納付することが難しい場合があります。

その場合は、税務署に申請を行うことにより、分割で納付することができます（延納）。また、分割でも納付することが難しい場合は、土地など物で納付することもできます（物納）。

ただし、金銭で一時に納付することが原則ですので、納付できる金銭はあるが土地で納付するといったことは、できないこととなります。

2　連帯納付義務

相続税法には連帯納付義務というものがあります。たとえば、相続人が兄弟2人の場合、相続した預金を、もともとあった兄自身の住宅ローンの返済に充ててしまい、相続税を納付することができなくなった場合には、弟が兄の相続税を納付しなければなりません。なお、平成24年4月1日以降に申告期限が到来する相続税について、申告期限から5年を経過した場合などは、**連帯納付義務**が解除されることになりました。

Q 49 不動産投資は相続税対策になりますか

銀行借入れを行い、賃貸アパートなどを建てれば相続税対策になりますか。

お答えします　相続税対策にはなりますが、安易に賃貸アパートを建築することは、後々問題になることが多いことも事実です。

1　賃貸アパートの建築が相続税対策になる理由

相続税の計算にあたり、建物の相続税評価額は、現金で所有するよりも低く評価され、また、土地の相続税評価額も更地の評価額より軽減されますので、借入金を利用した賃貸アパートの建築は、相続税対策によく利用されています。しかし、相続税対策ばかりに着目すると、さまざまな問題が発生する可能性があります。

2　ランニングコスト・納税資金・相続争いなどの問題

賃貸アパートの収入の大部分が、借入金の返済に充てられ、日々の管理費や清掃費、固定資産税等の維持管理費用を支払ったうえに、所得税・住民税まで支払うことができなくなる場合や、入居者の退去に伴う空室リスク、修繕・メンテナンス費用がかかるため、結果として相続税を支払う余力がなくなる場合も考えられます。

また、被相続人の財産が、相続税対策のために建築した賃貸アパート1棟のみで、相続人が複数いる場合は、遺産分割協議が整わず、相続争いに発展する場合がありますので、賃貸アパートの建築は慎重に検討すべきです。

Q50 生前贈与をして相続税額を減らしておきたい

私が死亡したときに発生してしまう相続税を少しでも減らすために、子どもたちや孫たちに生前贈与を行いたいのですが、どのようなところに注意すればよいのでしょうか。

お答えします　生前贈与による相続税対策は、長期間にわたり実行していけば、非常に効果的な相続税対策となります。

1　生前贈与により課税対象となる相続財産が減少する

贈与税が非課税となる金額は、年間110万円までとなっており、この範囲内の贈与であれば、贈与税を納付することなく財産を移転することができます。

ただし、「100万円を10年間、毎年贈与する」という契約をした場合には、税務署から合計1000万円を一括で贈与したとみられ、多額の贈与税を支払わなければいけなくなる可能性がありますので、毎年、贈与契約書を作成し、銀行振込みにより証拠を残すことが必要です。

2　名義預金に注意

預金の名義が子どもや孫になっていても、実質は被相続人の預金であることを名義預金といいます。預金通帳、印鑑などを被相続人が管理していた場合には、被相続人の財産として相続税の対象とされる可能性があります。

子どもや孫の名義の預金は、生前にすべて渡しておくことが、相続税の対象とされない秘訣です。

3 相続についての登記手続 Q&A

Q 51 不動産を相続した場合、相続の登記もしなければならないのですか

夫が亡くなり、自宅の土地と建物を相続しました。相続人は私（妻）と子ども二人です。どのような手続が必要でしょうか。

お答えします 手続が煩雑になることを避けるために、土地と建物についての所有権移転登記を行いましょう。

1 相続の発生と不動産に関する権利義務の承継

相続が発生すると、それまで被相続人に属していた一切の権利や義務が相続人に引き継がれることになりますが、これにはもちろん土地や建物といった不動産も含まれます。

2 誰が不動産を相続するか

具体的に不動産を誰が相続するかについては、法律で定められた相続分（Q38参照）どおりとすることもできますし、相続人の全員で遺産分割協議（Q43参照）をして決めることもできます。相続人の全員で合意すれば、相続人の一人が不動産を取得することもできます。

3 所有権移転登記の申請

不動産を相続する人が決まれば、不動産の所在地を管轄する法務局に所有権移転登記を申請します。登記とは、土地や建物の所有者は誰

か、面積はどれくらいか、抵当権などの権利がついていないか等について、法務局に備え付けられた登記簿に記録し、これを広く公開することによって、取引の安全を図ろうとする制度です。登記所の管轄については、法務局のホームページで確認することができます（http://houmukyoku.moj.go.jp/）。

4　早期の登記手続のすすめ

　登記については、相続税の申告と異なり、いつまでに申請しなければならないという決まりはありません。

　ただし、登記をしないまま長い間放置しておくと、その間に新たな相続が発生して相続人の数が増え、手続が煩雑になることがありますので、早めに登記されることをおすすめします。

5　登記申請に必要な添付書類

　相続による所有権移転登記を申請する場合に必要な書類はケースによって異なりますが、被相続人の出生から死亡までの戸籍（除籍、原戸籍）謄本、被相続人の住民票の除票の写し（または戸籍の附票）、相続人の戸籍全部事項証明書（戸籍謄本）、固定資産評価証明書などです。

　詳細は法務局や司法書士にお尋ねください。

第4章

遺言を残すには

1　遺言【基礎編】

Q 52　どのようなときに遺言書を書くべきですか

私には多額の財産はありませんが遺言書を作成するべきなのでしょうか。どのような場合に遺言書を作成すべきですか。

お答えします　あなたが少額だと思う財産であっても、それをめぐって相続人間で争いが生じることは、まあります。

特に、以下の場合には遺言書を作成しておかれることをおすすめします。

① **子どもがいない場合**

あなたに子どもがいなければ、あなたの配偶者と、あなたの両親や兄弟が相続することになります。血のつながりのない者同士が話し合うことになり、協議がうまく進まないことがあります。遺言書があれば、協議をスムーズに進めることができます。

② **内縁の配偶者など、相続人以外に財産を残したい人がいる場合**

あなたに長年寄り添ってきた相手（内縁の配偶者）がいても、法的な婚姻関係にない場合、相続する権利はありません。あなたの両親や兄弟、甥姪が優先して相続することになります。特別縁故者という制度（Q45参照）もありますが、これで内縁の配偶者が遺産を取得できるかどうかは不確実です。内縁の配偶者に、法律上の夫・妻と同じように相続させたいなら、必ず遺言書を書いてください。

また、あなたが長年お世話になった人など、相続人以外で遺産

を受け取ってもらいたい人がいる場合にも、遺言書を作成する必要があります。

③ **非嫡出子（配偶者以外との間に生まれた子。婚外子）がいる場合や離婚・死別した先妻との間に子がいる場合**

　配偶者との間の子（嫡出子）と、配偶者以外との間の子（非嫡出子）は、どちらも「子ども」ですが、相続できる割合は異なります。現行の法律では、非嫡出子は嫡出子の半分の相続分しかありません。そのため、配偶者やその子（嫡出子）と、非嫡出子との間で争いが起こることがあります。

　また、先妻の子と後妻の子の相続分は同じです（なお、離婚・死別した先妻には相続権はありません）。後妻が、先妻の子には遺産をやりたくないと思い、遺産を隠してしまうかもしれません。

　子ども同士での争いはあなたが最も望まないことでしょう。

　このような場合には争いが起こりやすいといえます。遺言書を作成することをおすすめします。

④ **相続人がいない場合**

　あなたに相続人がいない場合、特別縁故者がいなければ、遺産は国のものになります。この場合にも、あなたが築いた財産をどのように分けたいのか、ぜひ希望を遺言書に残しておきましょう。

⑤ **相続人同士の仲が良くない場合**

　すでに相続人同士の仲が悪い場合は、あなたが亡くなった後に、遺産をめぐる争いが起こる可能性が高いといえます。また、現在は相続人同士の仲が良くても、将来、円満に遺産分割ができるとは限りません。現実に、親の死後に子ども同士で「自分は介護をしたのに、兄は何もしていない」などとして争いになることも多々あります。

Q 53 遺言書では何ができますか

遺言書を作成しておくと、どんなメリットがありますか。

また、遺言書では財産を分ける以外にどのようなことができますか。

お答えします

1 遺言書作成のメリット

遺言書を作成しておくことで相続人同士の争いを予防できます（Q52）。

遺言書を作成することで、法定相続分と異なる割合で、財産の分け方を決めることができます（たとえば、同居している長男に自宅不動産を残し、別居している長女には預金を残す、など）。

また、遺言書があることで、相続手続がスムーズに進みます。

さらに、遺言書の内容を通じて、自分の人生を振り返っての思いや、相続人にどのような人生を送ってほしいかなどメッセージを伝えることができます（Q56〔図8〕付言参照）。

2 遺言書でできること

(1) 相続に関すること

遺言書では、相続人の誰にどの財産をどのように相続してもらうかだけでなく、相続人以外の方に財産を贈与する等の財産処分について自由に決めることができます（なお、「遺贈」はQ63、「遺留分」はQ64を参照）。一定期間遺産分割を禁ずることもできます。

また、先祖のお墓や仏壇などを継承する人を指定することや、さらに、遺言書の内容を実現するために、信用できる人を遺言執行者に指定しておくことができます（遺言執行者についてはQ61参照）。遺言執行者の指定をしておけば、遺言内容に従わない相続人の行為を防止す

ることができます。

(2) **身分に関すること**

子どもの認知や、ご自身の死亡により未成年者が残される場合に備えて、未成年者の後見人となる人の指定、未成年後見監督人を指定するなどの身分上の行為をすることも可能です。

ただし、これらは、あなたの身分関係を変える重要なことですから、間違いの生じないようあらかじめ弁護士にご相談ください。

(3) **財産処分に関すること**

一般財団法人を設立するために財産を提供する等の意思表示（Q68参照）や信託銀行等に財産を信託し、管理・運用してもらうなどの意思表示（Q10参照）をすることができます。

Q54 遺言書の種類

遺言書にはどのような種類があるのですか。
また、どの方法でつくることがよいのでしょうか。

お答えします

1 遺言書の方式

民法では、遺言の方式として、普通方式（自筆証書遺言、公正証書遺言、秘密証書遺言）および特別方式（死亡危急者遺言、船舶遭難者の遺言、伝染病隔離者の遺言、在船者の遺言）の計7種を定めています。

このうち、もっとも不備が生じにくく、あなたの思いを確実に実現し、相続人に争いを生じさせないのが、「公正証書遺言」です。

2 それぞれの遺言書の特徴

(1) **自筆証書遺言**

自筆証書遺言とは、文字どおり、全文および日付、氏名を遺言者が自筆で書き、押印して作成するものです。

作成の方式が法律上厳格に定められており（詳しくはQ56参照）、不備があると遺言が無効となってしまうことがあるため、注意が必要です。

(2) **公正証書遺言**

公証人によって作成される遺言です。自筆証書遺言のような不備の心配がありません。作成後、遺言書の原本は公証役場に保管されるので安心です。また、自筆で署名をすることができない人でも作成することができます。

ただし、公正証書の作成には費用がかかります。具体的な作成方法・費用はQ55をご覧ください。

(3) 秘密証書遺言

遺言者が、遺言書に署名押印して、封筒に入れて、封印します。封印は、遺言書に押印したものと同じ印鑑でしなければなりません。これを公証人に提出し、証人二人以上の立会いのもと、自分の遺言である旨、遺言書を作成した者の住所・氏名を申述することとなっています。公証人が年月日および遺言者の申述した内容を封筒に記載し、遺言者、証人および公証人が署名押印し完成します。

〈表14〉 遺言書の種類(1)――普通方式

	自筆証書遺言	公正証書遺言	秘密証書遺言
方　式	遺言者自ら全文を自署する。	遺言者が伝えた内容を公証人が筆記し証人が署名押印する。	遺言者が遺言書を作成・封印し、公証人および証人が遺言者の遺言であることを証明する。
証　人	不要	2名以上	2名以上
署　名	自筆	自筆でなくとも可	自筆（本文はワープロ打ち、代筆可）
メリット	簡易に作成でき、費用がかからない。内容だけでなく遺言書を作成したこと自体を秘密にすることができる。	法律上の不備が生じない。裁判所の検認手続が不要。原本が公証役場で保管されるため偽造・隠匿の不安がない。紛失しても再発行できる。	作成自体を明確にしつつ、内容を秘密にしておくことができる。偽造・隠匿の不安がない。
デメリット	方式の不備が生じやすい。遺言が発見されない、発見された後、偽造・隠匿されるおそれがある。	作成に費用を要する。証人や公証人に内容および作成の事実を知られる。	作成に費用を要する。方式の不備が生じやすい。
検認手続	必要	不要	必要

(4) **特別方式の遺言書**

詳細は下記の〈表15〉のとおりですが、あくまで緊急時に簡略な方式で遺言を作成することを認められている例外的なものであり、遺言者が普通方式により遺言することが可能となってから6カ月間生存した場合、効力を失います。

〈表15〉 遺言書の種類(2)——特別方式

	一般危急時遺言	船舶遭難者遺言	伝染病隔絶者遺言	在船者遺言
用いられる場面	病気やケガで死亡の危急が迫っているとき	船や飛行機が遭難して死亡の危急が迫っているとき	伝染病で隔離されているとき	船舶の中にいて一般の方と連絡がとれないとき
証人	3名以上	2名以上	警察官1名および証人1名以上	船長または事務員1名および証人2名以上
作成者	証人	証人	誰でもよい	誰でもよい
方式	遺言者が口述したものを証人の一人が筆記し、本人および証人の前で読み上げる。証人全員が署名・押印する。	遺言者が口述したものを証人の一人が筆記し、証人全員が署名する。	遺言者本人が作成する。本人、筆記者がいる場合には筆記者、警察官、証人全員が署名・押印する。	遺言者本人が作成し、本人、筆記者がいる場合には筆記者、証人全員が署名・押印する。
その他	遺言の日から20日以内に家庭裁判所の確認を受ける。	遅滞なく家庭裁判所の確認を受ける。	家庭裁判所の確認は不要。	家庭裁判所の確認は不要。

Q55　公正証書遺言のつくり方と費用

公正証書遺言をつくるにはどのようにしたらよいのですか。費用はどれくらいかかりますか。

お答えします

1　公正証書遺言のつくり方

(1)　公証役場への連絡

公証役場に連絡し、遺言書を作成したい旨伝えてください。

遺言書は、公証役場に行って、作成されることが多いですが、入院中の方など公証役場に出向くことが困難な場合には公証人に出張してもらい、病院など公証役場以外の場所で作成することも可能です。

公証役場は、たとえば、大阪府下では11カ所にあります。ホームページ（全国公証役場所在地一覧：http://www.koshonin.gr.jp/sho.html）や日本公証人連合会（☎03-3502-8050）へお問い合わせいただき、最寄りの公証役場をご確認ください。

(2)　内容の決定

公証人に自分の作成したい遺言の内容を伝えてください。内容に応じて公証人から当日あるいは事前に必要な資料等を伝えられます。

希望される内容が遺言書により実現可能かどうか、また、ご自身の意思を死後に実現するためにどのような定め方をするのがよいかは、ぜひ事前に弁護士に相談してください。

(3)　証　人

公正証書遺言作成に際しては二人以上の証人の立会いが必要です。あなたの信頼のおける証人を選んでください。

(4)　作成当日

まず、遺言者が遺言の内容を公証人に伝え、公証人に筆記してもらいます（通常、ここまでは事前の打ち合わせを踏まえて公証人が事前

に準備しています）。

公証人が遺言書の内容を遺言者と証人の前で読み上げ、これを遺言者と証人に確認してもらい、それぞれが署名・押印します。遺言者が署名できない場合、公証人がその旨を記載し、署名に代えることもできます。最後に公証人がその遺言書が法律上の方式に従ってつくったものである旨を付記して、これに署名し押印し完成します。

⑸ **遺言書の保管**

作成された遺言書は、原本が公証役場に保管され、正本（記載内容は原本と全く同じですが、遺言者・証人や公証人の署名押印が印字され省略されています）が交付されます。

2 費　用

公正証書遺言の作成費用は、公証人手数料令により規定されていて、遺言の目的となる財産の価額により増減します。〈表16〉は、手数料に関する規定です。その他、実費・日当等が必要となる場合がありますので、公証役場にお問い合わせください。

〈表16〉の基準を前提に、具体的に手数料を算出するには、下記の点に留意が必要です。

① 財産の相続または遺贈を受ける人ごとにその財産の価額を算出し、これを〈表16〉に当てはめて、その価額に対応する手数料額を求め、これらの手数料額を合算して、当該遺言書全体の手数料を算出します。

② 遺言加算といって、全体の財産が1億円以下のときは、①によって算出された手数料額に、1万1000円が加算されます。

③ さらに、遺言書は、通常、原本、正本、謄本を各1部作成し、原本は法律に基づき役場で保管し、正本と謄本は遺言者に交付しますが、原本についてはその枚数が法務省令で定める枚数の計算

方法により4枚（法務省令で定める横書の証書にあっては、3枚）を超えるときは、超える1枚ごとに250円の手数料が加算され、また、正本と謄本の交付にも1枚につき250円の割合の手数料が必要となります。

④　遺言者が病気または高齢等のために体力が弱り公証役場に赴くことができず、公証人が、病院、ご自宅、老人ホーム等に赴いて公正証書を作成する場合には、①の手数料が50％加算されるほか、公証人の日当と、現地までの交通費がかかります。

〈表16〉　公証人の手数料（日本公証人連合会ホームページより）

目的財産の価額	手数料の額
100万円まで	5000円
200万円まで	7000円
500万円まで	1万1000円
1000万円まで	1万7000円
3000万円まで	2万3000円
5000万円まで	2万9000円
1億円まで	43000円

・1億円を超える部分については
　1億円を超え3億円まで　　5000万円毎に1万3000円
　3億円を超え10億円まで　　5000万円毎に1万1000円
　10億円を超える部分　　　　5000万円毎に　　8000円
がそれぞれ加算されます。

Q56 自筆証書遺言のつくり方

自筆証書で遺言を残すにはどのようにしたらよいのでしょうか。自筆証書遺言の効力は、公正証書遺言と同じですか。

お答えします

1 自筆証書遺言のつくり方

自筆証書遺言は、以下のとおり、厳格に方式が定められています。

① 用紙や筆記具に決まりはありません。用紙のサイズ、横書き縦書きもご自身の好きな物を使って結構です。ただし、長期間の保存に耐えるものを選ぶようにしてください。

② 遺言本文、年月日も含め、全文を自筆で記載することが必要です。

　代筆やワープロ書きは認められません。また、日付は、和暦でも西暦でも構いませんが、必ず手書きで明確に年月日まで記載してください。「〇月吉日」といった記載は無効です。

③ 自署による署名と押印を忘れないでください。

　押印は拇印でも一応有効ですが、死後、本人の指紋か否か照合ができないことが考えられます。指紋は、印鑑と異なり唯一無二の物だからよいのではとお考えの方もいますが、無用な争いが生じないよう印鑑を使っていただくほうが望ましいです。実印を使うことは必須ではありませんが、本人の印鑑かどうかで争いが生じないようにするために、実印のほうが望ましいといえます。

④ 本文に、タイトルを付けることは要件ではありません。

　しかし、一目で遺言書であることがわかるよう「遺言書」と記載しておくほうがよいでしょう。

⑤ 内容には記載の決まりはありませんが、遺言者の意思が正確に

伝わるよう、どの財産を誰に相続させるのか、明確に記載してください。

なお、いったん記載した内容を訂正する場合には、以下のとおり特別の方式が定められています。

変更箇所を明確にするため、〔図8〕のように訂正箇所に訂正印を押し、遺言書の欄外に記載し、署名することが必要です。

一般生活上、文書の訂正の場合、訂正箇所に訂正印を押すだけで、署名まではしないのが一般です。しかし、遺言書の場合、本人による訂正であることを明確にするため、訂正に関しても訂正印だけでなく署名が必要です。

⑥　自筆証書遺言の場合、秘密証書遺言とは異なり、封印は要件ではありません。

しかし、発見者による偽造を防ぐためにも遺言書本文と同じ印鑑で封印しておくほうが安心でしょう。

⑦　誰かと連名での遺言はできません。御夫婦であっても同様です。必ず、お一人で作成してください。

以上の方式のうち、要件とされる点を間違えると遺言書全体が無効になってしまいますので十分にご注意ください。

2　自筆証書遺言の効力

上記の要件を満たした有効な遺言書であれば、自筆証書遺言は、公正証書遺言と同じ効力があります。

ただし、Q57で述べるように、自筆証書遺言では検認手続が必要であるという違いがあります。

〔図8〕 自筆証書遺言の作成例（遺言書と封筒）

遺 言 書

第1条 私は、私の有する下記の不動産を長男一郎に相続させる。
　(1) 土地
　　　所在　大阪市〇〇区××1丁目
　　　地番　2番34
　　　地目　宅地
　　　地積　120.00平方メートル
　(2) 家屋
　　　所在　大阪市〇〇区××1丁目2番地34
　　　家屋番号　2番34号
　　　種類　居宅
　　　構造　木造スレート葺2階建
　　　床面積　1階 87.65㎡
　　　　　　　2階 80.00㎡

第2条 次の者が懐胎している胎児は私の子であるので、これを認知する。
　　氏名　乙山良子
　　本籍　大阪市〇〇区1丁2番4号　　　　　　第17行中
　　　　　　　　　　　　　　　　　　　　　　1字削除
　　生年月日　昭和55年5月5日　　　　　　　1字挿入
　　　　　　　　　　　　　　　　　　　　　　中村太郎

第3条 私の遺産のうち、下記の財産を内縁の妻である乙山良子に遺贈する。
　　① 〇〇銀行 △△支店 定期預金 番号××××
　　② ゆうちょ銀行 定額貯金 〇〇〇〇－〇〇〇〇

第4条 私は、長女春子に対し、第1条から第3条に記載した財産以外の預貯金、不動産、その他一切の財産を相続させる。

第5条 私は、この遺言の執行者として長男一郎を指定する。

　付言　一郎には、私が大切に守ってきたこの家を守っていってほしい。
　　　　一郎と春子には、お父さんの気持ちをよく理解して、兄妹
　　　　仲よく暮らしていってくれるよう願います。

　　　平成25年1月1日
　　　　住所　大阪市中央区今橋2丁目3番16号
　　　　　　遺言者　中村太郎　㊞

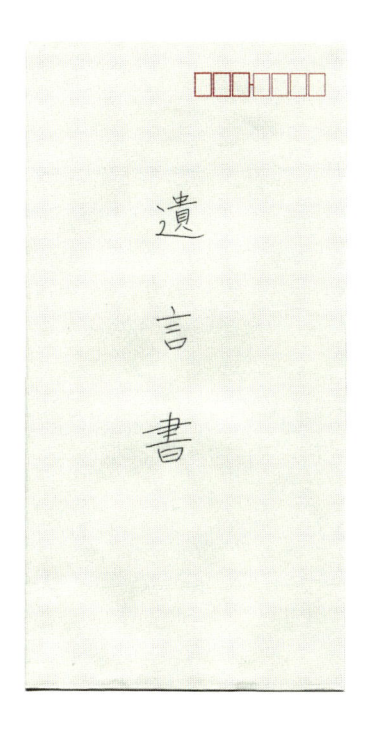

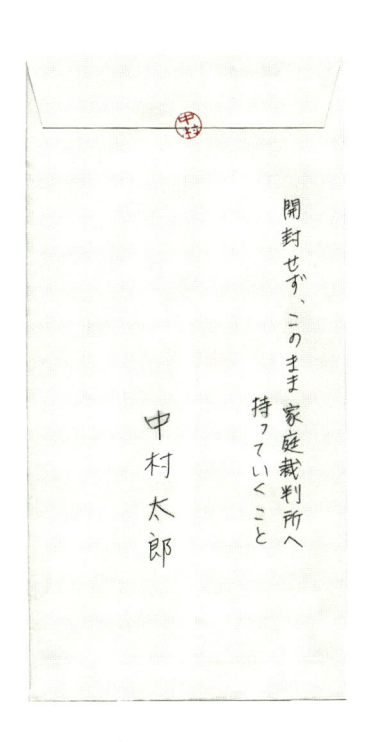

遺言書

開封せず、このまま家庭裁判所へ
持っていくこと

中村太郎

Q56 自筆証書遺言のつくり方

Q 57 自筆証書遺言の保管方法

自筆証書遺言を作成したのですが、遺言書はどこに保管しておいたらよいですか。遺言書を見つけた場合、開封してもよいですか。

お答えします　遺言書は、確実に発見される場所に保管しておく必要があります。

公正証書遺言以外の遺言書の場合、家庭裁判所での「検認」手続が必要です。遺言書を発見した人は開封してはいけません。

1　遺言書の保管方法

遺言書は、ご自身の死後に必ず整理されるであろう場所（金庫など）に保管するのがよいでしょう。念のため写しを作成し、弁護士などの第三者に預けておくと、遺言書が発見されない心配もいりません。

2　相続人が間違って開封してしまわないように

相続人が事情を知らずに、あなたの遺言書を誤って開封することも考えられます。あるいは、遺言書の内容を知って自己に不利な内容である場合、遺言書を捨てたり、隠したりすることも考えられます。

このような事態を避けるため、**自筆証書遺言**については封印したうえで、「遺言書」と表書きし、「開封せずに家庭裁判所に提出すること」などの注意書きをしておいてください（Q56〔図8〕参照）。

3　検認手続とは

遺言書が改変されることを防ぐために、家庭裁判所が、相続人などの利害関係人またはその代理人を立ち合わせ、遺言書を開封し、遺言

書の形式、遺言書の用紙や筆記用具、内容・署名押印の有無等の遺言の方式に関するいっさいの事情を確認し、検認調書を作成する手続です。

　遺言書を発見したら、まずは弁護士か最寄りの家庭裁判所にお問い合わせください（大阪家庭裁判所の代表番号：☎06-6943-5321）。

4　検認手続の効果

　検認手続により「遺言書検認済の証明書」が発行されます。これが遺産である不動産や預貯金の名義変更手続に必要となります。

　ただし、この手続はあくまで遺言書の方式が有効か否かを記録するにとどまり、遺言内容の真否や遺言が法律上有効か否か（たとえば、遺言書作成時に遺言者が有効に遺言書を作成する能力を有していたか否か）を判断するものではありません。

　そのため、検認手続を経たとしても、後日、その内容に関し遺言無効等の争いが生じることはありえます。

　検認手続をとらずに遺言書を開封してしまった場合でも、遺言書が無効になるわけではありません。その場合、あらためて検認手続をとることは可能です。なお、検認手続をとらずに遺言書を開封した場合、5万円以下の過料が科されることがあります。

Q 58 遺言書をつくり直したい

一度公正証書遺言をつくった後で、事情が変わったので、つくり直すことはできますか。費用をかけたくないので、つくり直すときには、自筆証書遺言にしたいのですが可能ですか。

お答えします どちらも可能です。ただし、つくり直すときも公正証書遺言にすることをおすすめします。

　遺言は、いつでも新たな遺言によって、撤回や、変更することができます。また新たな遺言書を作成すれば、元の遺言は撤回されたことになります。

　遺言に「この遺言書は絶対撤回しない」「新たな遺言は禁止する」「この遺言書に反する遺言書が後につくられても、無効である」と書いても効力はなく、新しい遺言をつくり直すことができます。

　公正証書遺言を自筆証書遺言によって撤回することは可能です。

　もっとも、公正証書遺言を変更するときは、公正証書で行うことをおすすめします。

　なぜなら、新たな自筆証書遺言を作成したことを、もし相続人らが知らなければ、遺言者の死後、元の公正証書遺言が有効な遺言だと思われたまま、元の公正証書遺言に従って相続が進んでしまう可能性があります。また、すでに判断能力が減退しているケースでは、後の自筆証書遺言の効力をめぐって死後に争いになる可能性もあるためです。

　ただし、実際に公証役場へ行って、公正証書遺言を作成するまでには少し時間がかかりますので、まずは自筆証書遺言を作成しておき、あらためて公正証書遺言をつくり直すほうがより確実です。

Q59 遺言で財産を受け取るべき人が先に亡くなったら

弟に遺贈する内容の遺言をしているのですが、私より先に弟が亡くなったら遺言書の効力はどうなるのですか。事故などで同時に死亡した場合にはどうなりますか。そのような場合に備えるにはどのような遺言をすればよいですか。

お答えします

1 受遺者が先にまたは同時に亡くなったとき

財産を受けとる相手（受遺者）が、遺言をした人（遺言者）より先に亡くなった場合には、その受遺者への遺贈は無効になります。遺言によって、財産を遺贈するためには、遺言者が死亡したときに、受遺者が生存していなくてはなりません。また、事故などで同時に死亡した場合も同様です。自動的に受遺者の相続人に遺産が引き継がれるわけではありません。

したがって、もし、あなたより先に弟が亡くなってしまったら、もう一度、その財産を受け取る人を決めて、遺言書をつくり直す必要があります。

もっとも、それでは、同時に死亡した場合には対応できません。また、再度遺言をしようとしたときに、あなたが病気などによって遺言をする能力を欠く場合には、新たな遺言をすることができません。

2 遺言書での対処方法

そこで、【文例1】次のように、弟が先に亡くなった場合に備え、あらかじめその次の受取人を指定しておくことができます。

【文例１】 受遺者が先に亡くなった場合への備え

1　私は、弟Ａ（昭和20年７月１日生）に下記不動産を遺贈する。
記
　　　　　土　　地
　　　　　所　　在　大阪市北区〇〇町１丁目
　　　　　地　　番　３番10号
　　　　　地　　目　宅地
　　　　　地　　積　80.00平方メートル
2　私の死亡以前にＡが死亡したときは、上記不動産はＡの子であるＢ（昭和45年10月１日生）に遺贈する。

Q60 認知症でも遺言書を作成できますか

現在、私は医師から認知症だと診断されていますが、遺言書の作成はできますか。

お答えします

できる場合があります。

遺言は15歳以上であればすることができます。

ただし、遺言能力といって、一定の判断能力（およそ7歳程度の知能）を有していることが必要です。これを欠いた状況でなされた遺言は無効となります。

公証人が作成する公正証書遺言は、自筆証書遺言などと比べると無効となりにくいのですが、それでも、作成された遺言書の効力が死後に争われ、無効と判断されるケースはあります。

遺言書を作成する際には、あらかじめ医師の診察を受け、判断能力があることについての診断書を作成しておくとよいでしょう。

どの程度の備えをしておくべきか、事前に弁護士に相談することをおすすめします。

認知症の程度が重く、成年後見が開始している場合は、基本的には遺言能力を欠いた状態にあります。ただし、一時的に判断能力を回復した時には、医師二人以上の立会いのもと、判断能力（「事理を弁識する能力」）を欠いていないことを遺言書に記入し、証明してもらうことによって、遺言をすることが可能です（民法973条）。

Q 61 遺言執行者とは

遺言執行者はどのようなときに必要ですか。

お答えします

1 遺言執行者とは

遺言執行者とは、遺言の内容を具体的に実現することを職務とする人です。遺言で遺言執行者を指定したり、遺言執行者を指定する権限を第三者に委託することもできます。また、遺言執行者が指定されていないときや死亡したときは、相続人等の利害関係人の請求により、家庭裁判所が選任します。

2 遺言執行者が必要な場合

遺言の内容の中には、相続分の指定（法定相続分と異なった割合での相続分を定めることで、具体的には、土地建物は妻に、預貯金は相続人全員で均等に相続させるといった内容の遺言をいいます。民法902条）や持戻免除の意思表示（生前に被相続人が贈与した財産について、相続財産としてもらった扱いにはしないようにすること。民法903条3項）のようにその内容を実現するために何らの行為も要しないものと、その内容を実現するために何らかの行為を要するものがあります。遺言の内容を実現するために、何らかの行為が必要となる場合には、遺言の執行が必要となります。

執行を必要とする遺言事項は、次のとおりです。

① 身分上の事項　子の認知（民法781条2項）の手続
② 相続に関する事項　**推定相続人の廃除**または廃除の取消し（民法892条～894条）　相続人の廃除とは、被相続人に虐待をしたり、重大な侮辱を加えたとき、その他の著しい非行があったときに、被相続人の意思によって相続権を奪う制度です。遺言で廃

除の意思表示がなされた場合には、遺言執行者が家庭裁判所に申立てを行い、審判によって廃除の可否が判断されます。

廃除の取消しは、生前相続人の廃除の審判が確定していた場合に、遺言でこれを取り消す意思表示を行った場合です。遺言で廃除の取消しの意思表示がなされた場合も、遺言執行者が廃除の取消しを家庭裁判所に請求することになります。

以上の行為は、遺言執行者しかできませんので、これらの事項が定められた遺言を実現するには、遺言執行者を指定する必要があります。

③　遺産処分に関する事項　　遺贈（民法964条）、一般財団法人の設立（一般社団法人及び一般財団法人に関する法律152条2項）、信託の設定（信託法3条2号）等です。

④　その他の事項　　祭祀承継者の指定（民法897条）、生命保険金受取人の指定・変更があります。これらの行為は共同相続人でもできる行為ですので、必ず遺言執行者が必要なわけではありません。しかし、相続人が必ず遺言をした人の意思を実現してくれるかは不明ですので、遺言執行者を定めておく実益はあります。

3　「相続させる」遺言の注意点

Q62でも触れていますが、いわゆる**「相続させる」遺言**によって特定の財産を特定の相続人に承継させる遺言をした場合、遺言執行者の執行行為も必要がなく、即時権利が移転することになりますので、遺言執行者は不要のようにも思われます。

しかし、このような遺言を行った場合にも、遺言で当該財産を相続するはずの相続人とは別の相続人が法定相続分のとおりに不動産の所有権移転登記を経由してしまった場合などには、遺言の趣旨が実現されないことがあります。このような場合、受益相続人（本来当該財産

を承継する相続人）も所有権移転登記を求めることができますが、遺言執行者も遺言を実現するために登記手続を行うことが可能です。

　判例がどこまで遺言執行者の権限を認めているのかは、今後の事例の集積も必要ですが、相続開始以後にどのような事態が生じるかを完全に予測することは困難ですから、「相続させる」遺言を行った場合にも、遺言の趣旨を実現するために遺言執行者を指定しておく必要性があります。

Q62　財産の分け方

財産の分け方はどのように決めればよいでしょうか。財産ごとに誰に相続させるかを決めなければいけないのですか。全財産の4分の1を長男に、というように割合で決めることもできるのですか。誰が何をほしいかがわからないので、相続人で決めてもらいたいときには、どのようにしておくのがよいでしょうか。

お答えします　遺言は、相続分の指定（民法902条）という方法で、法定相続分を変更して、たとえば長男の相続分を4分の1に、二男の相続分を2分の1にというように割合を決めることもできます。ただし、この場合には、具体的に誰がどの遺産を取得するのかが遺言では特定されていませんので、あらためて遺産分割協議が必要となります。

また、遺産分割方法の指定（民法908条）として、具体的にどの財産を誰に残すということを定めることも可能です。妻や子ども等の法定相続人に対して、特定の財産を与える場合には、「遺贈する」と記載するよりは、「相続させる」という遺言をするほうが、登記手続を単独で行うことが可能となりますので、財産を相続する相続人には有利です。

ご質問のように、相続人で決めてもらいたいときには、結局は遺産分割協議が必要となりますが、後日の紛争の種にもなりますので、できる限り遺言で指定することが望ましいです。

Q 63　遺贈で実現できること

　私の死後、お世話になった友人や知人に無償で財産を与えたいと思います。以下の私の要望を遺言によって実現できますか。
　①　私の全財産の2分の1を包括してAさんにあげたい。
　②　めいであるBが大学に合格したら現金100万円をあげたい。
　③　友人Cが私の死後もずっと愛犬ちょろの世話をしてくれるならば、預貯金をすべてあげたい。

お答えします　すべて実現できます。
　あなたがお望みの行為は、すべて「遺贈」という法律上の行為にあたります。

1　遺贈の意義

　遺贈とは、遺言によって無償で財産的利益を他人に与えることをいい、この遺贈は、遺言者が亡くなった時に効力を生じます。要するに、遺言で行う贈与です。また、遺贈を受ける相手方（「受遺者」といいます）には特に制限がなく、お世話になった友人でも、その友人の経営する会社（法人）でも、受遺者にすることができます。
　遺贈をするには、遺言書に譲りたい財産と、その受遺者を、それぞれ種類や住所等によって特定して記載し、最後に「遺贈する」と書く必要があります。

2　遺贈の種類

　遺贈を行う際には、特定の財産、たとえば「ある土地」を受遺者に遺贈する、とすることもできますし、自分の財産（プラスもマイナスも含めて）のすべてまたは一定の割合を受遺者に遺贈する、とするこ

ともできます。前者を「特定遺贈」、後者を「包括遺贈」といいますが、ご質問では②～③は特定遺贈、①のみが包括遺贈であるといえます。

　また、遺贈には、期限、条件や負担を付けることができます。たとえば、自らの死後、一定の期限が到来した、もしくは、受遺者が一定の条件をクリアした（もしくはクリアできなかった）場合にその効力を発生（もしくは消滅）させることができますし、自らの死によって遺贈の効力を発生させておいて、その後受遺者に一定の行動（負担）を要求することもできます。それぞれを、**期限付遺贈**、**条件付遺贈**、**負担付遺贈**と言います。

　この事例では、Bが大学合格の条件をクリアすれば100万がもらえる②は、条件付遺贈にあたり、Cに預貯金をあげるかわりにこれからもずっと愛犬の世話（負担）を要求する③は負担付遺贈です。

3　遺贈を行う際の注意点

　遺贈を行う際には、原則として事前に相手方の了解を得ておいてください。なぜなら、受遺者は遺贈の拒否（遺贈の放棄といいます）をすることができ、これが行われると、あなたの財産は相続人のものになるか、相続人がいなければ国に帰属してしまうことになり、いずれにせよ、あなたの当初の意思に反する結果になってしまうからです。

　また、遺贈を行う際には、相続人の権利を害さないように気をつけてください。法律は、一定の相続人に対して遺産に対する一定の取り分（遺留分といいます）を認めており、これを侵害する遺贈は、その限度において効力が失われるおそれがあるためです（Q64参照）。

Q64 遺留分とは

私には妻と長男、長女がいます。私は妻と長女にだけ財産を譲りたいと考えています。どのような問題がありますか。

もし長男から遺留分減殺があったときには、長女の相続分だけからにして、妻の相続分は減少しないようにしたいのですが、そのような遺言ができますか。

お答えします　長男には「**遺留分**」として、一定割合の相続財産を得る権利があります。

長男から請求があれば、「遺留分」相当の財産は、長男に返還しなければなりません。遺留分の請求があった場合に、長女の相続分から先に遺留分減殺をする旨の遺言を定めることができます。

なお、長男が暴力を振るうなどの事情がある場合には**廃除**という制度があります（Q42参照）。

1　遺留分の割合

兄弟姉妹以外の相続人（配偶者、親、祖父母、子、孫）には、一定割合の相続財産の取得が法律上保障されています。一定の割合の相続財産のことを「遺留分」といいます。

遺留分の制度は、相続人の生活保障、相続に対する期待の保護、相続人間の公平性の見地から、遺言の自由度に一定の制約を課するものです。

遺留分の範囲は、直系尊属（親、祖父母）のみが相続人の場合は被相続人の財産の3分の1、それ以外の場合は被相続人の財産の2分の1と定められています（Q38〈表13〉参照）。この遺留分に、各相続人の法定相続分を乗じることで、各相続人の遺留分が求められます。

たとえば、あなたの財産が1億円あるとした場合、財産の2分の1である5000万円が遺留分となり、妻の遺留分が2500万円（相続財産1億円×遺留分1／2×法定相続分1／2）、長男と長女の遺留分が各1250万円（相続財産1億円×遺留分1／2×法定相続分1／4）となります。

そして遺留分権利者は、遺留分を保全するのに必要な限度で、遺贈等の減殺を請求することができます。あなたが妻と長女に相続させるとの遺言を残しても、長男が遺留分の減殺請求をすると、妻と長女は相続した財産の中から、遺留分相当額の財産を長男に返還しなければなりません。

2　遺留分の対象となる財産

それでは遺言ではなく、生前に全財産を妻と長女に贈与しておけばよいのかというと、それでも遺留分の問題を避けることはできません。

法律では、相続開始前の1年間にした贈与（民法1030条前段）、当事者双方が遺留分権利者に損害を加えることを知ってした贈与（民法1030条後段）については、遺留分を計算する際の財産の価額に加えることになっています（民法1029条1項）。また、共同相続人が生前に特別に受けた贈与も特別受益（民法903条）として遺留分の計算に加えることとされています（民法1044条）。

したがって、あなたが妻と長女に対して生前に各5000万円を贈与したとしても、この贈与は当事者双方が遺留分権利者に損害を加えることを知ってした贈与、あるいは妻と長女が受けた特別受益に該当するものとして、遺留分を計算する際の財産の価額に加えられることになるでしょう。その結果、長男は上述の遺留分の減殺を請求する権利を得ることになります。

3　遺留分減殺の順序は遺言で指定できる

　民法1034条では、減殺対象が複数ある場合は各遺贈の目的物の価額の割合に応じて減殺するのが原則とされていますが、被相続人が遺言で減殺の順序や割合について別段の意思を表示している場合は、その意思に従うものとされています。ただし、法律上定められた減殺の順序は変えられないので、生前贈与を遺贈より先に減殺するとか、古い生前贈与を新しい生前贈与より先に減殺するような指定はできません。

　ご質問のケースでは、遺言を作成する際に、「遺留分の減殺はまず長女に相続させる財産からすべきものと定める」、との条項を設けておけば、長男からの遺留分減殺があっても長女が相続した分から減殺されることになります。預貯金や不動産など特定の財産から順に減殺するように指定することもできます。

4　長女の遺留分を侵害しないように注意

　ただし、ご質問では長女にも相続財産の8分の1（先ほどの例だと、1250万円）の遺留分を有することになります。もし、遺言で長女に相続させる財産の価額が相続財産の4分の1（2500万円）より少ない場合、長女の相続分から長男の遺留分を減殺すると、今度は長女の遺留分が侵害されることになります。また、もともと長女に相続させる分が相続財産の8分の1（1250万円）より少ないと、長女の相続分が減殺された後に妻の相続分も減殺の対象となってしまいますので、注意が必要です。

5　遺留分減殺請求権の期間制限

　遺留分減殺請求権は、遺留分の規定に反してなされた遺贈および生前贈与に対して、遺留分権利者が権利行使するものです。遺留分の規定に反する遺贈や、生前贈与が、直ちに無効となるわけではありませ

ん。

　遺留分減殺請求権には期間の制限があり、長男（遺留分権利者）は、相続の開始か、減殺すべき贈与または遺贈があったことを知った時から1年間請求の権利を行使しない、または、相続開始の時から10年を経過したときは、時効となり、請求ができなくなります（民法142条）。

6　遺留分の放棄

　以上のとおり、妻と長女に全財産を遺贈あるいは贈与する場合、将来、長男が遺留分の減殺請求を行うかもしれません。相続人間での争いを生じさせないためには、長男にも遺留分以上の財産を残すようにすることが考えられます。また妻と長女に譲る理由を、生前に長男にも説明して理解してもらうことも考えられます。

　長男が、あなたの考えに沿った相続に協力してくれるのであれば、長男に相続開始前に遺留分の放棄をしてもらうことも可能です。遺留分の放棄をする場合は、家庭裁判所に「遺留分放棄の許可審判」を申立てし、家庭裁判所の許可を受けておかなければなりません（民法143条）。

2　遺言【応用編】

Q 65　認知症の妻の生活を確保したい

妻が認知症で、息子が成年後見人になっています。私は自宅の土地建物の他に、賃貸マンションを財産として持っています。私の死後は、自宅の土地建物は売却して、妻を介護施設に入所させる費用にしてほしいと思っています。また、賃貸マンションは息子に相続させる代わりに、その賃料の一部で、妻の生活費は負担してもらいたいと思っています。どのような遺言を作成すればよいでしょうか。

お答えします　遺産のうち、特定の財産を売却した代金を遺贈の目的とすることも可能です。ただ、財産を処分したうえでの遺贈は、他の相続人の協力が必要ですので、相続人の負担を避けたいときや協力が困難な場合には、Q61で説明したように、遺言執行者を指定しておくことが望ましいと思います。この事案では、売却した後に、介護施設の入居契約まで行う必要がありますので、妻の成年後見人である息子さんを遺言執行者にしておくか、専門家を指定しておくのがよいでしょう。

また、賃貸マンションを子に相続させる代わりに、賃料の一部で妻の生活費を負担してもらいたいという希望がありますが、この希望をかなえる方法としては、**負担付遺贈**（民法1002条）をする方法があります（Q63参照）。妻を介護施設に入所させた後の生活費を支払う義務を負担してもらう代わりに、賃貸マンションを息子さんに遺贈するという方法です。

Q 66　子に店を継がせたい

私には妻と子が二人います。私の経営していた個人商店を二男に継がせたいのですが、どのような遺言をしておけば、スムーズに承継できるでしょうか。会社を経営している場合だと、どのようにすればよいでしょうか。

お答えします

1　営業用の資産を承継させる

事業を営んでいた方が亡くなられ、自営の個人商店を二男に承継させたい場合には、その事業を継続するのに不可欠な資産を二男に集中させて相続させる必要があります。

また、株式会社の場合には、あなたが所有しているオーナー株式を集中的に後継者である二男に相続させる必要があります。

ただ、個人商店であれ、株式会社であれ、特定の相続人に集中的に事業を承継させた場合、他の相続人（妻、長男）の遺留分を侵害することがないような配慮が必要です。他の相続人の遺留分を侵害した場合には、侵害された相続人が遺留分減殺請求権を行使すれば、事業に不可欠な資産や株式を二男に集中できないことが起こりうるからです。

2　納税資金の確保

一方で、事業を承継させる二男に、金銭以外の事業用資産や株式を集中させすぎた場合には、納税資金が確保できないという可能性もあります。

個人事業主の場合には、事業に不可欠な資産と遊休資産とを切り分けて相続させることで、遺留分や納税資金の問題にも対処可能と思われます。また、株式会社の場合にも、基本的には66パーセント以上の持株比率が確保できれば事業承継の目的は果たせますので、持株比率

163

で工夫することもできるでしょう。

　なお、納税資金対策としては、事業を承継させたい相続人を受取人にした生命保険に加入することで、対策を図ることも可能です。

こらむ　　事業承継とは

　平成20年、中小企業の事業承継におけるさまざまな問題を解決して、事業の円滑な継続を図るために「中小企業経営承継円滑化法」が成立しました。
　①生前贈与株式を遺留分から除外することで株式分散を防止する方法、②事業承継時（つまり経営者が死亡等した場合）に必要な資金の調達支援に関する事項、③相続税の課税について一定額の相続税の納税猶予・免除などが定められています。詳しくは弁護士等にお尋ねください。

Q67 遺言書で指定していた財産が減少してしまったら

妻には土地、長男には預金、二男には株式を取得させようと思うのですが、相続のときに、株式を持っている会社が倒産してしまっていたら二男は何も受け取れなくなるのでしょうか。その場合、二男が別の財産を取得できるようにするにはどうしたらよいですか。

お答えします　株式だけでなく、預貯金等も遺言者の死亡時までに減少する可能性があります。

また不動産であっても価値は変動します。そのため、生前に完璧に配分を決めておくとことは困難です。

そのように財産の価値が大幅に変動することが予想される場合、「もし相続時までに○○がなくなった場合には、皆で協議して法定相続分どおりの割合になるよう決めること」等の代替案を記載しておくほうがよいでしょう。

また、ご質問の場合、相続財産がなくなってしまった二男は他の相続人に対し遺留分減殺請求権を行使できます。しかし、遺留分の割合だけでは、本来の法定相続分より少ない遺産しか受け取れません。やはり、代替案を示しておくほうがよいでしょう。

Q 68 遺言で寄付をしたい

遺言で私の財産の一部を寄付したいと思っています。次のような場合で寄付はできますか。
① 預金を出身大学に寄付する。
② 収集した書籍を図書館に寄付する。
③ 美術館（一般財団法人）をつくり、収集した美術品を展示する。
④ 土地を市町村に寄付する。

お答えします　遺贈の相手方が受け入れてくれる場合、すべて可能です。①から④の寄付は、すべて「遺贈」という法律行為にあたります。

1　寄付とは、遺贈とは

寄付とは、お金や物を無償で人や、学校、公共事業などに譲り渡すこと、またはその約束をすることをいいます。寄付は、民法上の贈与に当たりますが、これを遺言で行う場合「遺贈」と呼びます。このような遺贈は、あなたの意思で自由に行うことができます。ただし、相続人の「遺留分」を侵害する遺贈は、侵害する限度で効果を失う可能性がありますので、相続人の遺留分には十分注意してください（遺贈についてはQ63参照）。

2　遺贈の際の注意点

あなたが実際に遺贈を行う際には、遺贈する財産（やその割合）を特定すること、遺贈する相手方を特定すること、遺言書に「遺贈する」という記載をすることが必要です。遺贈をする相手を特定するために、

相手方の住所氏名や、組織の正式名称、本店あるいは事務所の所在地などについて調べておきましょう。

また、Q63で説明しましたように、基本的には遺贈をする相手方に事前の了解を得ておくことが望ましいでしょう。

さらに、遺言を執行する段階、すなわち預金の払戻しや不動産の登記手続に備えて、法律知識のある専門家を遺言執行者に指定しておくことをおすすめします。

また、寄付の内容や相手方によって、遺贈者に対する課税（譲渡所得税）や受贈者に対する課税が生じる場合がありますので、あらかじめ専門家に相談することもおすすめします。

以下に①から④の遺言の文例を記載します。

【文例2】 出身大学への預金の寄付

> 遺言者何某は、○○銀行○○支店普通預金口座番号○○○○○の預金を、学校法人○○（大阪府○○市○○町○○番所在）に遺贈する。

【文例3】 図書館への書籍の寄付

> 遺言者何某は、大阪府○○市○○町○○番所在の建物の中にある書籍全てを、○○府立中央図書館（大阪府○○市○○町○○番所在）に遺贈する。

【文例4】 一般財団法人をつくりそこへの寄付

> 遺言者何某は、郷里である○○府○○市○○町所在の前途ある音楽家を育成するために、以下のとおり定款の内容を定めて、遺言者の死後に一般財団法人を設立する意思を表示する。
> 　① （目的）

② （名称）
③ （主たる事務所の所在地）
④ （設立者の氏名及び住所）
⑤ （設立に際して設立者が拠出する財産及びその価額）
⑥ （設立時評議員、設立時理事、設立時監事の選任に関する事項）
⑦ （評議員の選任及び解任の方法）
⑧ （公告方法）
⑨ （事業年度）

【文例5】 市町村への土地の寄付

遺言者何某は、その所有する次の土地を、〇県〇市に遺贈する。
（土地の表示）
　　所在　　　〇〇府〇〇市〇〇町〇丁目〇〇〇
　　地目　　　宅　地
　　地番　　　〇番地〇
　　地積　　　〇〇．〇〇平方メートル

Q 69　遺言の後で離婚や結婚をした場合の影響

① 私には、妻と子がおり、妻に全財産を相続させる遺言を作成していたのですがその後、妻と離婚しました。遺言には何か影響するのでしょうか。

② 私が独身のときに、兄に全財産を相続させる遺言を作成していたのですが、その後私が結婚しました。両親はすでに他界しています。結婚したことで遺言には影響があるでしょうか。

お答えします　影響があると考えられます。

遺言そのものを変更、撤回しなくても、遺言内容に反するような身分関係の変更があった場合に、遺言が取り消されたと判断される場合があります。

たとえば、将来まで同居し扶養してもらうことを前提に、養子縁組した養子に対して財産の大部分を遺贈する遺言をしていたが、養子と不仲になり、協議離縁したような場合です。判例では、後の協議離縁によって、養子への遺贈は撤回されたものとみなされると判断されています（最高裁昭和56年11月13日判決）。

①②の各場合について見ていきましょう。

1　①の場合（離婚と遺言の効力）

あなたが亡くなった時点で、離婚した元妻は相続人ではありません。

いくつかの考え方がありますが、結論としては、元妻への遺贈は効力を生じないと考えられます。特に遺言が「相続させる」という記載の場合には、相続人であることを前提に、その遺産分割の方法を指定したと考えられますので、そうすると元妻が相続人ではなくなったことで、元妻は財産を取得できません。

169

離婚した現在でも、元妻に遺贈をしたいとお考えであれば、あらためて、元妻に対して遺贈する内容の遺言をつくり直してください。

2　②の場合（結婚と遺言の効力）

あなたが結婚しても子が生まれなければ、きょうだいも法定相続人です。難しい問題ですが、遺言の効力は失われないと考えられます。したがって、元の遺言のままでは、妻は、遺留分の限度でのみ遺産を取得できることになります。妻に相続をさせたい場合には遺言をつくり直す必要があります。

3　身分関係の変更と遺言のつくり直し

このように、いずれの場合であっても、遺言者としては、身分関係が変わった時点で、新たな遺言書を作成し、意思を明確にしておくことが、後日の紛争を防ぐために望ましいといえます。

3　遺言と登記手続

Q70　不動産について遺言書を作成する際の注意点

私は複数の不動産を所有していますが、自分の死後は特定の人に譲りたいと考えています。遺言書を作成する場合に気を付けておくべきことはありますか。

お答えします

1　不動産の特定

不動産を特定の人に相続させたり、遺贈したりする場合には、その不動産をきちんと特定しておくことが重要です（「遺贈」はQ63参照）。これを怠ると、法務局がどの不動産についての遺言なのかを判断することができず、最悪の場合は登記が受理されないこともあります。

特定の方法としては、法務局が発行する登記事項証明書のとおりに記載するのが最も確実です。土地であれば「所在」「地番」「地目」「地積」、建物であれば「所在」「家屋番号」「種類」「構造」「床面積」で特定します。登記上の地番、家屋番号は、住所の表記と一致しない場合がほとんどですので、間違えないようにご注意ください。

2　私道部分も忘れずに

また、物件によっては、家屋とその敷地のほかに私道部分の土地を所有していることがありますが、これを遺言書に記載し忘れてしまうということがあります。私道部分の土地については、固定資産税が課税されず、毎年送付される納税通知書に記載されていませんから、そ

のまま気づかないことが多いようです。物件を書き忘れてしまうと、たとえそれが私道部分の土地であったとしても遺言の効果が及ばず、通常どおり法定相続人が相続することになります。必ず、物件を取得した際に法務局で発行された登記済証（権利書）や登記識別情報等を確認するようにしましょう。

3　遺贈された不動産を登記するときの問題点

特定の人に遺贈する旨の遺言書を作成する場合は、さらに注意が必要です。

この場合の死後の登記手続では、遺贈を受けた者（「受遺者」といいます）が、この遺言書に基づき、遺贈を原因とする所有権移転登記を申請することになります。ただし、この登記は、受遺者が単独で申請できるわけではく、遺言者の相続人全員の協力のもと、共同して申請しなければなりません。このようなケースでは、相続人が手続に協力してくれないことが少なくありませんから、場合によっては相続人を相手に訴訟を提起しなければならなくなることもあります。

4　遺言執行者の指定で登記が円滑に

そのため、特定の人に遺贈する旨の遺言書を作成する場合は、死後に受遺者が円滑に登記を申請できるよう、遺言書において遺言執行者を指定しておくことをおすすめします（遺言執行者についてはＱ61参照）。遺言執行者は、遺言の執行に必要な行為をする権限を有していますので、遺言執行者を指定しておけば、相続人が手続に関与する必要はなく、受遺者と遺言執行者が共同して登記申請をすることができます。

なお、誰を遺言執行者に指定するかについては特に制限はなく、弁護士等の法律専門職はもちろん、受遺者自身を指定することも可能で

す。この場合は、受遺者が遺言執行者の地位を兼ねることになり、事実上、一人で登記を申請することができます。

> #### こらむ 死後に不動産の売却代金を遺贈する場合──いわゆる「清算型遺贈」
>
> 　不動産を遺贈したとしても、受遺者が必ずしも不動産の取得を希望するとは限りません。不動産をもらっても利用する予定がない、むしろ登記等の手続面での負担がかかって困るなどの理由から、不動産をもらうくらいなら現金が欲しいというような方も少なくありません。
>
> 　このような場合は、死後に相続財産である不動産を売却し、売却代金から負債や売却に伴う諸費用を差し引いた残金を遺贈する、との内容で遺言書を作成しておくとよいでしょう。このような遺贈を「清算型遺贈」といいます。
>
> 　清算型遺贈の場合も、遺言書において遺言執行者を指定しておくことで、不動産の売却等を円滑に進めることができます。本来、相続の対象となる不動産を売却する場合は、遺言者の相続人全員の協力が必要となりますが、遺言執行者を指定しておけば、遺言執行者が単独で不動産を売却し、その代金から諸費用を差し引いた額を受遺者に引き渡すことができます。

● 事項索引 ●

―あ―

遺言執行者　*152*
遺言書　*76*
遺言相続　*100*
遺産分割協議　*101, 115*
遺贈　*156*
遺留分　*113, 158*
医療保険　*52*

―か―

介護一時金　*51*
介護年金　*51*
（公的）介護保険　*25, 51*
（民間の）介護保険　*51*
期限付遺贈　*157*
寄付　*166*
寄与分　*116*
クーリング・オフ　*41*
クレジット契約　*42*
ケアハウス　*12*
ケアマネジャー　*22, 26, 28*
経済的虐待　*46*
限定承認　*110, 112*
検認手続　*146*
公証人　*139*
公証役場　*139*
公正証書遺言　*136, 139*
高度障害保険金　*54*
高齢者虐待　*45*
高齢者住まい法　*10*
高齢者の居住の安定確保に関する法律　*10*
国民生活センター　*43*

―さ―

財産管理　*58, 59*
財産管理契約　*63, 68*
祭祀財産　*122*
再代襲　*108*
死後事務委任　*74*
自筆証書遺言　*136, 142, 146*
死亡保険金　*54*
重要な財産行為　*86*
障害給付金　*54*
条件付遺贈　*157*
消費者被害　*37*
消費者ホットライン　*43*
消費生活センター　*43*
身体的虐待　*46*
信託　*34*
心理的虐待　*46*
推定相続人の廃除　*113, 152, 158*
生活保護　*32*
清算型遺贈　*173*
生前給付　*52*
性的虐待　*46*
成年後見　*59, 85*
成年後見監督人　*97*
成年後見制度　*72, 83*
先進医療　*52*
相続欠格　*114*
相続財産管理人　*120*

「相続させる」遺言　153，155
相続税　124
相続税の基礎控除額　124
相続税の納付　125
相続人　100
相続放棄　109

　　　　　－た－
代襲相続　107
代理権　88
単純承認　110
地域包括支援センター　20，22，44
積立利率変動型終身保険　55
同意権　86
特別縁故者　121
特別受益　116
取消権　86

　　　　　－な－
日常生活自立支援事業　50，59，61
任意後見　59
任意後見契約　68，72
任意後見制度　65
ネグレクト　46
年金担保融資　31

　　　　　－は－
ひまわり　44
秘密証書遺言　137
負担付遺贈　157，162
振り込め詐欺　40
弁護士会　44
法定相続　100
法定相続人　100，103

法定相続分　104
法テラス　44
ホームロイヤー契約　63
保佐　59，85
補助　59，85

　　　　　－ま－
名義預金　127

　　　　　－や－
有料老人ホーム　11，12，15

　　　　　－ら－
リバースモーゲージ　30，31
連帯納付義務　125

●執筆者一覧●

若林　正伸（弁護士、若林正伸法律事務所）

竹岡富美男（弁護士、瑞木総合法律事務所）

中嶋　勝規（弁護士、アクト大阪法律事務所）

宮﨑　誠司（弁護士、弁護士法人宮﨑綜合法律事務所）

仲谷　仁志（弁護士、神戸あかり法律事務所）

小林　悠紀（弁護士、梅田総合法律事務所）

小坂谷　聡（弁護士、小坂谷法律事務所）

宮部　千晶（弁護士、滝井・仲田・橋口法律事務所）

山口　裕之（税理士、中央税理士法人）

小林　理絵（弁護士、小林俊明法律事務所）

藏本　隆之（弁護士、大阪総合法律事務所）

小西憲太郎（弁護士、小西法律事務所）

中塚　雄太（弁護士、寝屋川法律事務所）

海野　花菜（弁護士、寝屋川法律事務所）

安藤　良平（弁護士、荒鹿哲一法律事務所）

吉田　史（司法書士、あおぞら司法書士法務総合事務所）

名取　伸浩（弁護士、弁護士法人宮﨑綜合法律事務所）

柊　善太（弁護士、瑞木総合法律事務所）

肥田　正（ソニー生命保険株式会社 エグゼクティブ ライフプランナー／ファイナンシャルプランナー）

〔編者所在地〕

特定非営利活動法人　遺言・相続・財産管理支援センター

〒541-0042　大阪市中央区今橋2丁目3番16号

MID今橋ビル4階

☎06-6208-2121

http://www.npo-ysz.org/

今を生きる高齢者のための法律相談

平成25年6月21日　第1刷発行

定価　本体 1,400円（税別）

編　者　特定非営利活動法人　遺言・相続・財産管理支援センター
発　行　株式会社　民事法研究会
印　刷　株式会社　太平印刷社

発行所　株式会社　民事法研究会
　　　〒150-0013　東京都渋谷区恵比寿3-7-16
　　　〔営業〕☎03-5798-7257　FAX03-5798-7258
　　　〔編集〕☎03-5798-7277　FAX03-5798-7278
　　　http://www.minjiho.com/　info@minjiho.com

カバーデザイン／関野美香　ISBN978-4-89628-876-6 C2032 ¥1400E
組版／民事法研究会（Windows7 64bit+EdicolorVer10+MotoyaFont etc.）
落丁・乱丁はおとりかえします。

◆本人の支援者としての本当の姿がここにある！

エピソードで学ぶ成年後見人
―― 身上監護の実際と後見活動の視点 ――

社会福祉士　**池田　惠利子**　編
いけだ後見支援ネット

Ａ５判・180頁・定価　1,470円（税込、本体1400円）

本書の特色と狙い

▶いま後見人として本人支援を行っている方々のために、この制度誕生から深くかかわってきた著者が、後見人の本当の姿を問う注目の書！　特に、市民後見人には読んでほしい！

▶後見人が戸惑い、悩みつつ、決断していかなければならないさまざまな課題について、12のストーリーと41のエピソードでわかりやすく解説！　在宅支援の方法、施設入所の判断、身元引受人、予防接種・手術等の医療行為への同意、家族会とのかかわり、自宅の処分、死後の事務など、後見人が直面した問題にどう対応したかが具体的に例示されており、その対応例と解説を読み進めることで後見活動の正しい視点と倫理を身に付けることができる！

▶後見人としての基本姿勢をどのようにすれば貫くことができるのか、成年後見制度への正確な理解と具体的な実務の場面での対応方法を解説！　実務対応に役立つコラム付き！

本書の主要内容

第1章　後見人としての基本姿勢
第2章　後見人のしごと
ストーリー1　一人暮らしをしていた認知症高齢者のAさんがグループホームを利用するまで
ストーリー2　精神科病院に入院していたCさんが有料老人ホームに入所するまで
ストーリー3　一人暮らしをしている認知症高齢者Eさんの在宅生活を支援する～サービス利用を中心に～
ストーリー4　認知症高齢者Gさんが特別養護老人ホームで快適に暮らすために果たした成年後見人の役割
ストーリー5　障がい者施設で長年暮らすIさんの生活を支援する
ストーリー6　父母を亡くした知的障がい者のKさんを支える
ストーリー7　高齢者施設に入所したMさんの不要となった自宅を処分することになるまで
ストーリー8　Oさん夫婦おのおのに第三者の成年被後見人・保佐人が選任されて
ストーリー9　Qさんの家族後見人から引き継ぐ
ストーリー10　夫の死後の事務を妻のSさんと成年後見人が行う
ストーリー11　Vさんの入退院の手続と、医療への同意
ストーリー12　病院で最期を迎え、死後も成年後見人によって支えられた身寄りのないXさん
第3章　後見活動の視点――基本姿勢を貫き実現するために――
あとがき――特に市民後見人の方々に期待して

発行　**民事法研究会**

〒150-0013　東京都渋谷区恵比寿3-7-16
（営業）TEL. 03-5798-7257　FAX. 03-5798-7258
http://www.minjiho.com/　info@minjiho.com

■ 脳梗塞に倒れ生還するまでの日々を綴った随筆！■

弁護士日記 秋桜

四宮章夫 著

A5判・224頁・定価 1,365円（税込、本体価格 1300円）

京都大学名誉教授 元最高裁判所判事 **奥田昌道先生推薦！**

本書の特色と狙い

- ▶法曹歴約40年の弁護士が脳梗塞に倒れ生還するまでの日々の中でさまざまな想いを綴った約100日の日記！
- ▶法曹養成、東日本大震災の危機管理、趣味等、トップランナー弁護士の思考と生活がわかる！
- ▶死や後遺障害の恐怖と闘いながら、病と向き合い、そのうえで社会の事象への深い考察と家族への愛情、弁護士という職業への誇りと責任感を持ち続ける著者の姿を通して、人生のありようを考えるに最適の書！

本書の主要内容

1. 発　病〈7月7日(木)〉
2. 死を引き受ける〈7月8日(金)昼〉
3. 仕事の引継ぎなど〈7月8日(金)夜〉
4. 遺伝子の継承について考える〈7月9日(土)昼〉
5. 食事のこと、同級生のこと〈7月9日(夜)〉
6. 臓器移植法の改正〈7月10日(日)〉
7. 東日本大震災から4カ月〈7月11日(月)〉
8. 生涯現役をめざして〈7月12日(火)〉
9. 菅首相の危機対応〈7月13日(水)〉
10. 原子力発電への対応〈7月14日(木)〉
11. 延命治療の中止と人権意識〈7月15日(金)〉
12. 息子の祈り〈7月16日(土)〉
13. 大相撲八百長問題と相撲協会〈7月17日(日)〉
14. なでしこジャパンのワールドカップ優勝に思う〈7月18日(月)朝〉
15. セント・アンドリュース・リンクスに立つ〈7月18日(月)昼〉
16. 狭心症の発作〈7月19日(火)〉
17. ジェネリクス医薬品〈7月20日(水)〉
18. 刑事司法は死んだのか〈7月21日(水)昼〉
19. 患者の自己決定権〈7月21日(水)夕方〉
20. リハビリ卒業〈7月22日(金)〉
21. 退院決定と報道番組への疑問〈7月23日(土)〉
22. 安楽死を考える〈7月24日(日)〉
23. 退院前日〈7月25日(月)〉
24. 退　院〈7月26日(火)〉

※一部抜粋(全106本)

発行 **民事法研究会**

〒150-0013　東京都渋谷区恵比寿3-7-16
(営業) TEL. 03-5798-7257　FAX. 03-5798-7258
http://www.minjiho.com/　info@minjiho.com

公益社団法人　成年後見センター・リーガルサポート　編

市民後見人養成講座

《全3巻》　2色刷

3巻完結！好評発売中！

第1巻　2013年1月発刊　定価2,205円（税込）
第2巻　2013年2月発刊　定価2,730円（税込）
第3巻　2013年2月発刊　定価1,785円（税込）

本書の特色と狙い

▷ 専門職後見人の全国組織であるリーガルサポートが総力をあげて、市民後見人養成に適するテキストを作成！　リーガルサポートの会員司法書士のほか、厚生労働省、法務省、家庭裁判所、弁護士、社会福祉士、医師、精神保健福祉士などが、それぞれの専門分野で執筆！

▷ 厚生労働省「市民後見人養成のための基本カリキュラム」に対応させつつ、カリキュラムにはない民法総則、刑法（後見実務に関連する部分）、消費者法なども学ぶことができます！　養成研修はもとより、その後のフォローアップ研修にも最適！

▷ 豊富な実務経験に基づき、単に養成だけでなく、その後の市民後見人としての活動を見据えての必要な知識＝実務に直結する内容を、あますところなく収録しています。

① **成年後見実務の基本的視点**　みずからの行動指針（倫理）を持ち行動することができる市民後見人を養成することをめざします。
② **就任直後の実務**　法定後見制度の利用に関する手続の流れを学び、制度の理解を深めるとともに、就任直後の職務について、市民後見人が円滑に後見業務をスタートできるよう、実務的な内容に踏み込んで詳細に解説しています。
③ **就任中の実務**　後見人の職務の2本柱である財産管理と身上監護について、具体的手法を詳細に解説しています。
④ 後見実務において大きな問題である**死後の事務**について、基本的なものから注意が必要なものまで、詳細に解説しています。

✻本書の専用ウエブページを開設しています。最新情報＆市民後見メーリングリストのご案内は、こちらからどうぞ<http://www.minjiho.com/html/page18.html>。

発行　**民事法研究会**

〒150-0013　東京都渋谷区恵比寿3-7-16
（営業）TEL. 03-5798-7257　FAX. 03-5798-7258
http://www.minjiho.com/　info@minjiho.com